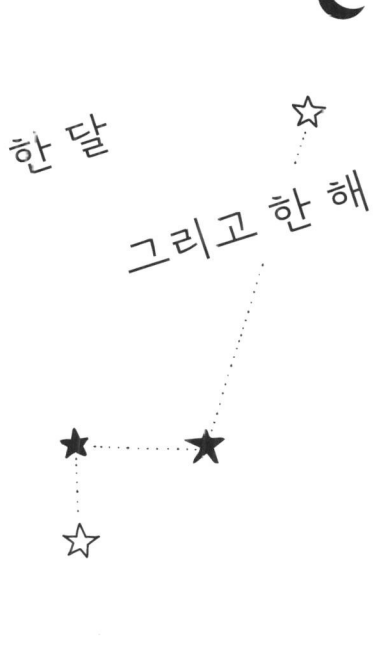

한 달
그리고 한 해

한 달 그리고 한 해

| | |
|---|---|
| **발행** | 2025년 09월 04일 |
| **저자** | 이채윤 |
| **펴낸이** | 한건희 |
| **펴낸곳** | 주식회사 부크크 |
| **출판사등록** | 2014.07.15.(제2014-16호) |
| **주소** | 서울특별시 금천구 가산디지털1로 119 SK트윈타워 A동 305호 |
| **전화** | 1670-8316 |
| **이메일** | info@bookk.co.kr |
| **ISBN** | 979-11-12-05068-7 |

www.bookk.co.kr
ⓒ 이채윤, 2025
본 책은 저작자의 지적 재산으로서 무단 전재와 복제를 금합니다.

# 한 달 그리고 한 해

이채윤 지음

머리말 … 6

한 달
———

침상일몽 … 9

상사병 … 26

아름다운 자해 … 51

사람은 사랑을 잊지 못한다 … 66

영원이라는 거짓말 … 88

사랑이 해 준 선물, 이별 … 104

「한 달」 해석 … 117

## 한 해

법계인기 ·· 120

기억상점 ··· 133

관계통 ··· 152

지난날의 기억 ··· 171

전생의 비밀 ··· 191

한 달, 그리고 한 해 ··· 220

## 머리말

우리는 사랑을 하고 그 사랑은 언젠가 이별을 선물합니다. 사랑이라는 철학에 담긴 일종의 비참한 공식 같은 거죠. 그리고 이로 인해 전해진 이별은 누군가에겐 쉽게 잊힐, 가벼운 사랑과의 작별에 불과했을 수도 있고, 누군가에겐 평생 안고 갈 기억을 준 사랑과의 작별이었을지도 모릅니다. 그런데 과연 가벼운 이별은 존재한다 해도 가벼운 사랑 또한 존재할까요? 저는 애초에 가벼운 사랑을 사랑이라고 부르지도 않습니다. 그것은 그저 결핍된 사랑을 순간적으로 메우고 싶은 욕구에서 시작됐으니까요.

저는 이 책의 주인공 한시월과 유일식을 통해 풋풋한 사랑, 그로 인해 파생되는 수많은 감정의 소모, 짝사랑의 외로움과 고통 같은 추상적인 감정들을 하나의 이야기 안에 섬세하게 담아내고자 했습니다. 그리고 항상 고민했습니다. '사랑의 무게가 얼마나 무거운가?'에 대해서요. 결국 얻은 대답은 '얼마나 애정하는지에 따라 저마다의 무게가 다르다'였습니다.

이 책을 읽고 사람들이 약속해 줬으면 좋겠습니다. 사랑을 할 때 항상 무거운 사랑을 하기로요. 저는 모든 연인이 애인에게 최대한 많은 사랑을 안겨줬으면 합니다. 무거운 사랑을 통해 상대방에게 준 자신의 사랑은 언젠가 다시 되돌아오게 될 수밖에 없습니다.

한 달 그리고 한 해

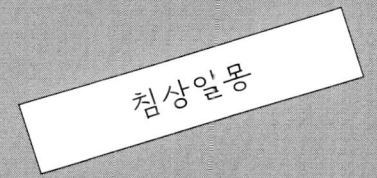

20XX. 9. 20. 월

 이상한 꿈을 꿨다. 오늘 꿈에서 나의 중학교 때 첫사랑, 유일식이 나타나 알 수 없는 예언을 했다. 꿈속에서 나는 하얀 옷을 입은 채 굽이 없는 하얀 구두를 한 짝만 신고 있었고, 유일식과 함께 탄 나무배는 강을 건너고 있었다. 강의 물은 맑고 깨끗해서 당장 마셔도 문제가 없을 것만 같았다. 낡은 나무배여서 그런지 배는 계속 요란한 소리를 내었다. 배에 부분 부분 구멍이 뚫려 있어서 물이 조금씩 차오르기도 했다. 유일식이 노를 저으며 중저음의 목소리로 내게 말했다.
 "너 내가 첫사랑이지?"
 "응."
 "알고 있었어. 난 너의 삶에서 처음이자 마지막으로 사랑하는 사람이 될 거야."
 "무슨 말이야?"
 "한 달을 줄게. 잘 생각해 봐."
 유일식의 의미심장한 말을 듣자마자 배는 도착 지점에 쾅 소리를 내며 부딪쳤다. 유일식은 배에 앉아 있는 나에게 웃는 얼굴로 일어나라며 손을 내밀었다. 손을 잡으려고 하는 순간, 알람 소리가 내 고막을 가득 채웠다.

"아 맞다. 카페 면접! 지금 몇 시지?"

시간을 확인해 보니 면접 시간까지 30분밖에 남지 않았다. 마음이 급해져서 입고 있던 잠옷을 아무데나 던져 버리고 대충 세수만 한 뒤, 깔끔한 옷으로 성급히 갈아입었다. 나는 정신이 너무 없어서 아침도 챙겨먹지 못한 채 집 앞 도로로 뛰쳐나가 택시를 잡았다.

"택시!"

아무리 빠르게 움직여도 시간은 턱없이 부족했다. 하이힐 소리를 내며 카페로 뛰어가는데 재수없게도 바닥에 있는 무언가를 밟고 넘어져 버렸다.

"아이씨. 뭐야! 급해 죽겠는데!"

확인해 보니 그 미끄러운 물체는 알 수 없는 꽃이 새겨져 있는 검은색 목도리였다. 나는 긴박한 상황 속에서도 쉽게 무시할 수 없는 정의감 때문에 그 목도리를 가방에 쑤셔 넣었다. 목도리를 찾아 헤맬 그 누군가를 위함이었다.

"누구 거지? 비싼 거 같은데…. 이따 경찰서에 맡겨 놔야겠다."

나는 다시 카페를 향해 뛰어갔다.

가쁜 숨을 몰아쉬며 카페에 도착했다. 면접을 진행하는 카페 매니저를 마주했을 때, 나는 눈이 개구리처럼 커질 수밖에 없었다. 중학교 시절 첫사랑, 유일식이 내 앞에 앉아 있었기 때문이다!

'유일식?'

유일식은 키가 훨씬 더 훤칠해졌고, 외모는 중학교 시절 특유의 이목구비가 여전히 남아 있었다. 그의 또렷한 눈, 코, 입 덕분에 그를 단번에 알아볼 수 있었다. 반가운 마음에 나도 모르게 손을 흔들 뻔했지만, 금방 상황을 인지하고 다시 긴장하였다. 땀범벅이 된 손을 덜덜 떨며 자리에 앉았다. 면접 질문을 받으며 긴장을 풀지 않았더니, 준비해 왔던 대로 꼬박꼬박 잘 대답할 수 있었다. 면접은 순식간에 끝나 있었다. 면접장을 나가면서 나는 생각했다.

'한 번만, 단 한 번만이라도 좋으니 또 보고 싶다.'

유일식을 한 번이라도 더 보기 위해 면접에 붙길 마음속으로 간절히 기도했다. 감히 뒤돌아볼까 고민하기도 했지만 놓지 못한 미련을 들킬 수도 있으니 그 욕심은 접어두기로 하였다. 아쉬워한다는 걸 혹여 알아챌까 내 마음을 꽁꽁 감싸안은 채 카페 문에 달린 경쾌한 종소리를 울렸다.

"띠링-."

20XX. 9. 21. 화

"띠리링- 띠리링-."

시끄러운 알람 소리에 잠이 달아나 버렸다. 뭔가 잊고 있는 듯한 느낌이 들어서 기억을 더듬어보니, 면접 결과를 확인하지 않았음을 깨달았다.

"맞다. 면접 결과!"

나는 당장 핸드폰을 켠 후 어젯밤 내내 계속 시끄럽게 잠을 방해했던 알람을 확인하였다.

"어, 찾았다."

면접 결과는… 놀랍게도 합격이었다!

"합격이다!"

침대 위를 방방 뛰며 한참을 기뻐하였다. 일자리 걱정을 더이상 할 필요 없다는 사실에 나는 말로 형용할 수 없을 정도로 안심되었다.

"띠리링-."

또 알람이 울렸다. 핸드폰 화면을 두 번 두들겼더니 카페에서 알람이 와 있었다.

– 오늘 해야 할 일에 대한 안내 및 오리엔테이션을 위해 카페로 3시까지 와 주시길 바랍니다.

지금 시간은 12시. 슬슬 나갈 준비를 시작하면 시간을 맞추기에 딱 적당했다.

카페에 도착하자마자 가장 먼저 보인 것은 갈색 앞치마를 두른 모습이 꽤 인상적인 유일식이었다.

"안녕하세요. 합격하신 것을 축하드려요. 앞으로 잘해봅시다. 알바생분."

"잘 부탁드려요! 알바생으로 합격한 한시월입니다."

"네, 저도 잘 부탁드려요. 이쪽으로 오시면 됩니다. 차근차근 알려드릴게요."

키가 약 185cm 정도로 보이는 훤칠한 유일식의 발걸음을 따라가는 일은, 155cm의 왜소한 나에게는 매우 버거웠다. 그래서 나는 종종걸음으로 그를 바삐 뒤따라갔다.

"커피는 이걸 이용해서 만들면 되고…."

그의 친절한 설명이 내 귀에 전혀 들어오지 않았다. 고막에게 집중하기에는 내 눈이 너무 바삐 굴러갔기 때문이다. 그렇게 다시 보고 싶었던 사람을 한 번 더 마주할 수 있다는 것은 그 무엇과도 비교할 수 없을 정도로 행복한 일이었다. 마치 향 좋은 차의 첫 모금을 들이켜는 듯한 벅차오름이랄까? 나의 눈동자 안에 그가 담겨 있다는 게 행복하다는 표현으로는 턱없이 부족하였다.

"알바생분?"

"네?"

"실례지만, 집중하고 있는 거 맞나요?"

"아, 저도 모르게. 죄송합니다."

"집중 좀 해 주시면 감사할 거 같네요."

"네…."

"그리고 이건 앞치마."

유일식은 카페 로고가 그려진 갈색 앞치마를 내게 건네주었다. 같은 공동체에 속해 있음을 증명해 주는 매개체인 거 같아 왜인지 소중하게 느껴졌다.

"앞으로 이 앞치마 두르고 활동하시면 됩니다. 지금 허리에 둘러보세요."

"네!"

나는 앞치마 끈을 허리에 감쌌다. 허리 뒤쪽에 끈을 묶으려는데 손이 잘 닿지 않았다.

"제가 도와드릴게요."

"아니에요. 저 스스로도 할 수 있어요."

내가 거절했음에도 불구하고 유일식, 아니 매니저님은 기어코 내 뒤로 가서 허리끈을 묶어주었다. 너무 세게 묶으면 아플까 봐 살살 묶으려는 게 보여서, 사소하지만, 또 배려심 가득한 그 행동 때문에 나도 모르게 속으로 생각했다.

'큰일이야. 나 네가 더 좋아진 거 같아.'

20XX. 9. 22. 수

아침마다 들려오는 맑은 새소리. 개운하게 기상을 하고 카페 알바에 갈 준비를 시작하였다. 샤워를 한 후 간편한 옷을 고르고, 내가 좋아하는 향수를 어지럽지 않을 정도로만 뿌렸다. 현관문을 열자 맑은 하늘과 수많은 단풍잎들이 우수수 떨어지는 것이 보였다.

'가을이 찾아왔구나. 단풍 참 예쁘다.'

이어폰을 꺼내기 위해 가방을 뒤적거리는데 저번에 주웠던 목도리가 손에 잡혔다. 당시에 너무 급해서 잘 보지 못했는데, 이제 보니 알 수 없는 꽃의 이름은 '금잔화'였다. 예전에 금잔화의 꽃말이 '이별의 슬픔'이라는 얘기를 들은 적이 있다. 그 부분이 인상 깊었던 탓에 금잔화의 생김새 정도는 기억해 놨었다. 그 목도리에 새겨진 꽃을 보면서 여유롭게 걷다 보니 카페까지 금방 도착했다.

다들 직장이나 학교에 있을 시간이라 손님이 거의 없는 시간대였다. 카페에 남아 있는 사람이라고는 한 쌍의 노부부밖에 없었다. 노부부는 서로를 다정한 눈빛으로 바라보며 온화하게 웃음 짓고 있었다.

'나도 언젠가 누군가와 함께 행복한 이야기를 써 내려가야겠다.

그리고 때가 되면 배우자라는 사람과 인생이라는 책을 같이 덮을 거야.'

누군가가 뒤로 성큼성큼 다가왔다.

"뭘 그렇게 유심히 봐요?"

유일식, 아니 매니저님이었다.

"노부부를 바라보고 있었어요. 언젠가 제게도 '저런 순간이 오지 않을까?'라는 우스운 희망을 품으면서요. 하하…. 그저 망상일 뿐이니 이상하게 생각하지 말아주세요."

"꿈은 누구에게나 있죠. 지금은 희망이라는 과정을 거치는 중일 뿐이에요.'

유일식이 말해서가 아니라, 정말 감명 깊을 정도로 좋은 말이었다. 그 말은 마치 나의 꿈이 오로지 희망으로 남는 게 아닌 현실로서 재현될 거라는 응원을 해 주는 것 같았다.

'당신은 정말 사려 깊은 사람이군요. 좋은 점이 너무 많아 애써 외면하려 해보아도 난 당신이 좋아요.'

"알바생분은 좋아하는 게 뭐예요?"

갑작스러운 질문에 당황한 나는 급히 아무거나 떠올리다가 좋아하는 꽃으로 대답했다.

"저는 해바라기를 좋아해요. 한곳만을 바라본다는 게 너무 아름답지 않나요?"

"아름답기보다 비참하다고 생각할 수도 있겠네요."

예상치 못한 답변에 나는 되물었다.

"왜죠?"

"정작 해바라기가 바라보는 해는 해바라기를 보지 않잖아요."

그 말을 듣자마자 나는 나 자신을 되돌아보기 시작했다. 그리고 생각했다.

'어쩌면 제가 해바라기일지도 모르겠네요.'

내 모습이 해바라기에 비유되면서 조금 우울해졌다. 우울한 티를 내지 않기 위해 나는 매니저님께 괜찮은 척 똑같이 물었다.

"매니저님은 좋아하는 꽃이 뭐예요?"

"저는 금잔화요."

"왜요?"

"별다른 이유가 없네요? 그냥 예뻐서요."

금잔화에 대해서는 조금 유식한 나로서 나의 지식을 뽐낼 수 있는 좋은 기회였다. 매니저님께 물었다.

"그렇지만 금잔화의 꽃말은 '이별의 슬픔'인 걸요. 너무 우울하지 않나요?"

"몰랐던 사실이네요. 하지만 저는 그런 부분도 좋아할 수 있어요. 저는 꽃말을 믿지 않거든요."

"꽃말을 안 믿는 이유는 따로 있나요?"

"꽃말이 부정적이라는 바보 같은 이유로 금잔화를 외면하기엔 금잔화가 너무 아름다우니까요."

나는 매니저님의 말에 공감할 수 있었다. 나 또한 나도 모르게 단순히 꽃말이 우울하다는 이유로 그 꽃을 부정적으로 바라보고 있었기 때문이다! 매니저님의 말을 통해 무의식 중 가진 나의 편견을 되돌아보니 정말 바보 같아 보였다.

"매니저님은 무척 똑똑하신 거 같아요. 저는 애초에 그런 생각을 해본 적이 없거든요. 그리고 매니저님이 얘기하시지 않았더라면 그러한 비판적인 생각은 해볼 기회조차도 전혀 없었을 거예요."

나도 모르게 부담스러울 정도로 매니저님을 칭찬했다. 불편하지 않았을까 속으로 걱정을 하고 있었는데 매니저님이 대답했다.

"과찬입니다. 고마워요, 알바생분."

'매니저님은 정말 따뜻한 사람인 거 같아요. 차마 안 그러려고 해 보아도 난 역시 오늘도 매니저님을 좋아해요.'

매니저님에 대한 존경심과 그를 넘어선 애정이 점점 더 높이 쌓이고 있다.

20XX. 9. 23. 목

  오늘도 나는 카페로 향했고, 카페에는 여느 때와 같이 나를 반겨주는 매니저님이 있었다.
"좋은 아침이에요, 알바생분."
"좋은 아침이에요, 매니저님."
  매니저님을 보자마자 기분이 무척이나 상기되었다. 나는 바보같이 헤벌쭉 웃었다.
"알바생분은 웃는 게 무척이나 예쁘네요."
  갑자기 훅 들어오는 매니저님의 말에 볼이 복숭앗빛으로 발그레 물들었다. 열이 확 오르는 듯한 느낌이 들었으니 아마 귀도 마찬가지로 붉어졌을 것이다. 민망한 마음에 손으로 귀를 가리고 빠르게 앞치마를 가지러 총총총 뛰어갔다.
  앞치마를 매고 나와 주위를 둘러보니 손님이 별로 없어 보였다. 나는 곧장 매니저님께 가서 내가 먼저 말을 걸었다.
"매니저님."
"네?"
"매니저님은 취미가 뭐예요?"

"저는 야경 보는 걸 좋아해요. 머리가 복잡할 땐 밖으로 나가 야경을 보곤 합니다."

"좋은 취미네요."

"알바생분은요?"

"저는 그림 그리는 거요!"

"그림이요? 나중에 저도 그려주세요."

물론 그림 그리는 걸 좋아하는 건 맞지만 실력은 형편없는 걸 아는 나인지라 빠르게 말을 고쳤다.

"그렇지만 잘 그리진 않아요. 나중에 매니저님이 인정할 수 있을 만큼 실력이 우수해지면 그때 꼭 그려드릴게요."

"알았어요."

매니저님은 웃어 보였다. 웃는 입꼬리나 눈웃음이 무척이나 따뜻했다. 매니저님이 말했다.

"나중에 저랑 야경 보러 가요. 야경이 얼마나 예쁜지 알바생분에게도 보여 주고 싶어요."

"좋아요. 무지무지 좋아요!"

나도 모르게 반가운 소리에 부담스러울 정도로 격하게 반응했다.

"그니까 내 말은… 저, 정말 좋다고요!"

부끄러운 마음에 또 귀와 볼이 붉어졌다.

모든 일을 마치고 집에 갈 때 호두과자를 샀다. 호두과자를 들고 가며 깊은 생각에 잠겼다.

'왜 나를 못 알아볼까? 역시 나를 기억하지 못하는 거겠지? 유일식은 내 이름이 반갑긴 했을까?'

안 그러려 했지만, 역시나 서운한 마음이 들었다.

20XX. 9. 24. 금

나른한 오후였다. 커피를 만드는 중이었는데 경쾌한 종소리와 함께 문 열리는 소리가 끼이익 들렸다.

"안녕하세요."

"어, 안녕."

초면에 예의 없게 반말을 찍찍 내뱉는 게 썩 마음에 들진 않았다.

"주문하시겠어요?"

"나는 따뜻한 초코라떼 줘."

"네. 진동벨 가져가시고 울릴 때 가지러 오시면 돼요."

"어."

주문할 때마저도 반말을 하다니, 무척이나 무례하다고 생각했다. 그걸 지켜보던 매니저님이 한마디했다.

"뭐야. 저 거만한 사람은?"

"모르겠어요. 아까부터 아무렇지 않게 반말을 사용하는 게…. 기분이 좋진 않네요."

"한마디해야겠어."

"하지 마세요. 저런 분들은 그냥 비위 맞춰주면 알아서 돌아가서요."

"한 번만 더 일을 키우는 행동을 하면 나도 넘어가지 않을 거야. 그런 일 있은 꼭 말해."

"네. 감사해요.."

몇 분 뒤에 그 무려 한, 흔히들 진상이라 부르는 손님은 카운터로 다시 돌아왔다.

"내가 분명 차가운 초코라떼라고 했던 거 같은데?"

"아뇨, 분명 따뜻한이라고…."

"지금 말대꾸하는 건가? 내 딸뻘 같은데. 왜 이리 말이 많지? 다시 만들어와! 그리고 나 환불 받을래."

"…알겠습니다."

"그래. 기게 다 네 업보야. 진작에 손님 말을 잘 들었으면 이런 일도 없었을 거 아니야! 내가 원래 이렇게 화를 자주 내는 사람이 아닌데 다 너네 잘되라고 한 마디 얹어주는 거야."

지켜보시던 매니저님이 끼어들었다.

"무슨 일이죠?"

이때 매니저님이 무슨 일이냐며 내 쪽으로 다가왔다.

"입력한 주문 목록에 이상이 있었나 봐요. 제가 해결할게요, 매니저님."

순간적으로 매니저님의 눈빛에서 위협감을 느꼈다. 매니저님은 당장이라도 저 진상 손님을 해코지라도 할 듯이 노려보았다. 잊고 있었다. 매니저님, 그러니까 유일식은 부당한 것에 화를 참지 못하는 성격이라는 것을.

"주문하신 대로 나온 거 같은데요? 아까 주문하실 때 저도 같이 들었는데 분명 따뜻한 초코라떼라 하셨어요. 그러니 알바생분이 잘못

기록한 건 아닌 거 같네요."

"아니 차가운 초코라떼였다니까? 그리고 알바생이 다시 만들어주겠다 했는데 왜 이제 와서 이 사람이 딴소리야?"

"저희 오늘 초면 아닌가요? 서로 간에 예의는 지키시죠. 반말은 좀 아니지 않습니까."

"내가 너만한 아들이 있어."

"아들도 있으신 아버지께서 어른으로서의 도리를 안 지키는 건 매우 창피한 일 아닌가요?"

"여기 점장 불러와!"

나는 일이 커질 거 같아 이 상황을 진정시키려 허리를 굽혔다.

"죄송합니다!"

"뭐야?"

"저의 부주의로 인해 일어난 일입니다. 빨리 새로 만들어 드릴게요."

"아가씨는 말이 통하네. 봤지? 저 아가씨가 스스로 다시 만들어준다고 했으니까, 당신은 이제 가던 길 가셔."

"아니 이 사람이…."

"그만하세요."

매니저님은 단호한 내 말에 당황한 낌새를 감추지 못하고 내게 속삭이며 말했다.

"알바생분, 저런 걸 참고만 있을 거예요? 분하지도 않아요?"

나도 매니저님 귀에 대고 작게 속삭였다.

"제가 말했잖아요. 저런 분들은 그냥 비위 맞춰주면 알아서 사라져준다고. 그리고 분하지 않아요. 어쩌면 저분이 정말 차가운 초코라떼를 요구하셨는데 제 부주의로 인해 오차가 생겼을지도 모르니까요."

"…알았어요. 알바생분이 옳은 선택을 하신 거겠죠. 그럼 이만 저도 돌아가 보겠습니다."

"네."

기다리던 퇴근 시간이 다가오고, 나는 앞치마 끈을 풀고 있던 참이었다. 그때 매니저님이 다가와 말을 걸었다.

"알바생분, 생각하 보니 전화번호가 없었네요. 전화번호 좀 줄 수 있나요?"

"아, 네!"

매니저님이 핸드폰을 건네자, 나는 자판을 톡톡 두드린 뒤 다시 돌려드렸다.

"여기요."

나는 당연히 매니저님이 내 이름도 못 외웠을 거라 생각했다. 이미 수긍한 사실이었다. 그러나 매니저님은 핸드폰에 번호를 '한시월(중학교 동창)'이라고 저장한 후 나에게 보여 주었다. 이때 나는 매니저님, 아니 유일식이 나를 기억하고 있음을 드디어 알 수 있었다. 내 마음속에서 불꽃놀이라도 하고 있는 듯 경쾌한 폭죽 소리가 사방에서 들려왔다. 너무 들떠 버린 나는 당장이라도 날아갈 것만 같았다. 기쁜 마음을 부여잡고 나는 입꼬리를 내리지 못한 채 집으로 돌아갔다.

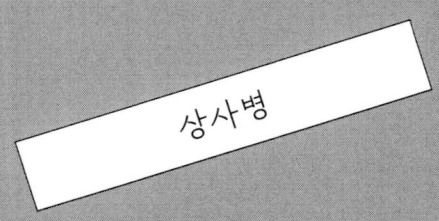

상사병

20XX. 9. 27. 월

카페에 사람이 별로 없어 조용한 시간대였다. 나는 휴게실로 들어가 매니저님에게 질문했다.

"왜 매니저님은 자꾸 알바생분이라 불러요? 제 이름도 아시면서."

그러자 매니저님은 웃으면서 말했다.

"그게 그렇게 서운했어요?"

"아니 그게 아니라…."

혹여 내가 쪼잔해 보이진 않을까, 목소리가 기어들어갈 듯이 작아졌다. 매니저님은 한참을 쿡쿡거리며 웃다가 내게 장난기 가득한 목소리로 말했다.

"시월아?"

나는 동공이 토끼 눈망울처럼 커졌다. 그리고 귀와 볼이 열로 빠르게 달아오르고 있음을 느꼈다.

"시, 시월아?"

매니저님은 통쾌하게 하하거리며 웃다가 내게 말했다.

"시월 씨라고 부를게요. 그럼 됐죠? 시월 씨는 놀리는 게 너무 재밌네요. 반응이 무척 귀여워요."

나는 손으로 빨개진 귀와 볼을 가리느라 바빴다. 매니저님이 그 모습을 흐뭇하게 보더니 내게 질문했다.

"시월 씨는 무슨 음식 좋아해요?"

"저는 머랭 쿠키랑 팬케이크요."

"정말요? 나돈데. 나도 머랭 쿠키 엄청 좋아해요. 그리고 팬케이크도 잘 굽고요."

"정말요? 저 팬케이크 좀 구워주세요."

농담으로 던진 한마디였다.

"나중에 기회가 되면 꼭 구워주죠."

역시나 농담으로 받아친 듯해 보였다.

"기대하고 있을게요."

"기대해, 시월아."

"아, 진짜! 매니저님!"

농담인 줄 알았던 사소한 장난들이 어쩌면 진심일지도 모른다는 희망을 나도 모르게 품고 있었다. 자꾸 짓궂게 놀려대는 행동에 나도 부끄러웠던지라 매니저님 어깨를 툭툭 쳤다. 한참을 웃던 매니저님은 진정하지 못한 가쁜 숨을 몰아쉬고 눈물을 닦으며 말했다.

"반말 쓰는 게 그렇게 별로예요?"

"아니 그게 아니라…."

다리를 쭈뼛쭈뼛 꼬아가며 말을 못하고 있었다.

'설레 죽겠다고요….'

내뱉을 수 없는 이 한마디 때문에 나는 답답해 죽을 지경이었다.

"띠링-."

가게 문이 열리는 소리가 났다. 매니저님은 휴게실을 나가 손님을 맞이했다. 빨개진 귀는 아직도 가라앉을 생각이 없어 보인다. 차가운 손으로 귀를 식혀보려 했지만 그게 뜻대로 되었다건 이미 진작에 됐을 것이다.

20XX. 9. 28. 화

 알바를 마친 뒤, 오늘은 친구들과의 술 약속이 있는 날이었다. 친구들은 이미 도착했다고 연락이 왔고, 나 혼자 지각한 게 괜스레 미안해졌다. 조급한 마음을 안고 서둘러 술자리로 향했다. 그때, 가는 길에 친구 한 명에게서 전화가 걸려 왔다.

 - 우리 남자 세 분이랑 합석했는데 괜찮지?"
정말? 나야 뭐, 당연히 괜찮지. -
 - 그래, 빨리 와.
응. -

 술자리에 도착해 보니 놀랍게도 남자 셋 중 한 명은 매니저님, 그러니까 유일식이었다. 유일식은 막 술잔을 들어 올리려던 참이었고, 나와 눈이 마주치자 마찬가지로 당황한 기색이 역력했다.
 "어? 우연치 않게 알바 끝나고도 만나네요. 이쯤이면 운명인 건가?"
 나는 곧바로 얼굴이 붉어졌다. 유일식한테는 그저 가벼운 장난일지 모르겠지만, 내게는 머리에 박힐 정도의 인상적인 한마디였으니까. 분위기에 이끌려 술을 한 잔, 두 잔 마시다 보니 머리가 어지럽고 시야가 희미해졌다. 유일식은 내가 많이 취한 걸 눈치챈 건지 내게 물었다.

"너무 취한 거 같은데, 잠시 바람이라도 쐬러 나갈까요?"

나는 눈도 똑바로 뜨지 못한 채, 나가자고 손짓했다. 너무 많이 마신 탓일까. 걸음도 비틀비틀 불안정하니 유일식이 양손으로 내 어깨를 잡고 길을 인도했다. 편의점에 도착해서 유일식은 나를 근처 벤치에 앉혔다. 유일식은 아이스크림을 사러 편의점에 들어갔고 나는 그를 얌전히 기다렸다. 벤치에 앉아 있다가 갑자기 서러움이 복받쳐 눈물이 마구 쏟아졌다. 유일식과 나눈 대화 중 내가 '해바라기'라고 여겨졌던 대화가 떠올랐기 때문이다.

'나는 너를 그저 바라만 볼 수 있는 해바라기구나.'

나의 비참한 모습이 눈물샘을 자극했다. 유일식이 양손에 쭈쭈바 아이스크림을 들고 편의점에서 나왔다. 유일식은 눈물로 뒤덮인 내 얼굴을 보고 깜짝 놀라 아이스크림을 내려놓고 차가운 손으로 내 뜨거운 눈물을 닦아주었다.

"시월 씨 왜 울어요? 무슨 일 있어요? 무슨 일인진 모르겠지만… 그만 울어요."

내가 이렇게 민폐 끼치는 와중에도 다정한 유일식이 무척이나 미웠다. 좋아하는 걸 점점 더 포기할 수 없었기 때문에…. 나는 눈물을 소매로 쓱쓱 닦아내고 애써 웃었다.

"매니저님."

"네?"

"고마워요."

"아니에요. 힘든 일 있으면 마음껏 티 내요. 또 걱정해 줄게요."
유일식은 싱긋 웃었다.
'웃는 것도 마음처럼 예쁘시네요.'
나도 그를 따라 싱긋 웃었다.
"좀 괜찮아졌어요? 어지럽거나 술이 덜 깨진 않았어요?"
"괜찮아요. 다 깬 거 같아요."
"쭈쭈바 사 왔는데 먹을 거죠?"
"당연히 거절 안 하죠!"
나는 배시시 웃으면서 다시 친구들이 있는 술집으로 유일식과 함께 향했다.

## 20XX. 9. 29. 수

다음날 아침, 엄청난 후회와 수치심이 몰려왔다.
"어제 왜 바보같이 울었을까!"
아침부터 베개에 얼굴을 파묻고 수치심 속에 갇혀 있었다. 몇 분 동안 침대 위에서 방방거리며 오열했다. 조금 진정이 된 후, 차분하게 핸드폰을 켰다. 전에 교환한 전화번호 덕분에 유일식으로부터 세 개의 메시지가 와 있었다.

- 어제 집 잘 들어갔어요?
- 많이 취한 거 같던데.
- 문고리에 숙취해소제랑 간식 좀 넣어 놨으니 나중에 먹어요.

문고리를 확인해 보니 정말로 편의점 봉투에 숙취해소제와 수많은 종류의 간식들이 있었다.
"띠리링-."
알람이 또 울렸다.

상사병 33

- 뭘 좋아할지 몰라서 종류별로 한꺼번에 사 버렸네요.

따뜻하고 다정한 그의 행동에 나는 감동을 잔뜩 받았다. 들뜬 마음을 쉽게 주체할 수 없었다. 편의점 봉투를 꼬옥 끌어안고 침대에서 발을 동동거리며 뒹굴었다.

"나에게 호감이 있는 걸까? 왜 이렇게 잘해 주지? 혹시 나 좋아하는 거 아니야?"

나는 '꺄악' 비명 소리로 방 안을 가득 울리며 다시 한 번 발을 동동 굴렸다.

"아니야. 김칫국 마시지 말고 일이나 가자."

나는 평소처럼 짐을 싸기 시작했다. 조금 다른 점이 있다면 콧노래를 짐을 싸는 내내 주체하지 못했다는 점.

카페에 도착하니 매니저님은 앞치마를 두른 채로 커피를 만들고 있었다.

"매니저님, 저 왔어요."

"왔군요. 시월 씨, 몸은 괜찮아요? 많이 안 좋으면 조금 쉬었다가 일 시작할래요?"

"아니에요. 괜찮아요."

나는 헤헤, 바보같이 웃었다. 그리고 들리지 않도록 작게 속삭였다.

"되게 다정하시다."

"뭐라고요?"

매니저님은 그 작은 소리를 어떻게 들은 건지 무슨 말이었냐고 내게 물었다.

"네? 아니에요."

매니저님은 한 발 앞으로 다가와 내게 말했다.

"저 다정해요?"

"네? 네…."

너무 가까워서 두근대는 심장이 멈추질 않았다.

"저, 너무 가까워요…."

나는 고개를 옆으로 푹 숙이며 말했다. 화끈해진 얼굴을 애서 감추었다.

"아, 미안해요. 시월 씨에게 다정한 사람으로 남을 수 있는 게 기쁘네요. 계속 다정한 사람으로 남기 위해 더 노력해야겠어요."

나는 어색하게 웃었다.

"시월 씨, 귀가 빨개요. 열나요? 아프신 건가…. 역시 출근은 무리였죠? 이리로 와 봐요."

매니저님은 내 이마를 짚었다. 내 귀는 오히려 더 빨개졌다.

"저, 저는 괜찮아요!"

심장소리가 매니저님의 귀에 들어갈까 봐 매니저님의 어깨를 확 밀쳐 버렸다.

"이, 일하러 가 볼게요!"

나는 곧바로 도망갔다.

20XX. 9. 30 목

카페에서의 일을 마치고 퇴근하던 와중이었다.
"시월 씨 집 어디예요? 저는 두신 아파트 쪽인데."
"정말요? 저도 그쪽이에요."
"다행이네요, 같이 갈래요?"
"좋아요."
함께 발걸음을 맞추며 조용한 거리를 걸어갔다. 카페에서는 업무 관련 일로 자주 대화했는데, 외부에서는 서로가 동갑내기 일반인이 되다 보니 딱히 꺼낼 말이 없었다. 어색한 침묵 속에서 대화 주제를 찾기 위해 주위를 두리번두리번 둘러보았다. 내 취향을 저격하는 분위기의 카페가 눈에 확 띄었다. 나는 카페를 지나가며 빠르게 내부 모습 및 상품 가격을 파악했고, 메뉴 중에 프레첼 머랭 쿠키를 파는 것을 목격했다.
"깜빡 잊고 있었다!"
유일식에게 내가 만든 머랭 쿠키를 주는 걸 잊어버릴 뻔했다.
"뭐 잊은 거 있어요? 카페에 짐을 두고 온 건가요?"
"아니에요. 그, 이거…."

나는 예쁘게 포장된 하얀 머랭 쿠키를 유일식의 손에 건넸다.

"드세요, 제가 직접 만든 거예요."

"우와, 이걸 직접요? 대단하네요 정말."

좋아하는 모습을 보니 마음이 뿌듯해졌다. 유일식은 통에서 머랭 쿠키 하나를 꺼내 입으로 집어넣었다.

"정말 달고 맛있네요. 잘 먹을게요. 고마워요."

"별말씀을요."

나는 유일식이 행복하다는 이유 하나만으로 금세 행복해졌다. 원래 그런 거 같다, 상대방이 행복한 걸 바라보다 보면 나도 모르게 기분이 좋아지는 거. 행복해하는 사람이 내가 좋아하는 사람이라면 더더욱 그럴 것이다.

집 앞에 도착한 후, 매니저님은 주머니를 뒤적였다. 그리고는 손에 올린 초콜릿을 보여주었다.

"이거 드실래요?"

"괜찮아요. 머랭 쿠키에 대한 사례는 받지 않을게요."

"초콜릿을 싫어하는 거예요?"

"아뇨. 그건 아닌데, 제가 선물을 이미 드렸으니까요. 등가교환도 아니고 뭔가를 더 받는 건 의미 없을 거 같아서."

"그래요."

"이제 집에 도착했네요. 먼저 가 볼게요. 데려다주셔서 진심으로 감사해요."

나는 허리를 굽혀 정중히 인사했다.

"아녜요. 잘 가요."

들뜬 마음으로 계단 위를 총총 올라갔다.

개운하게 씻고 나와, 오늘 입었던 옷을 개는 중이었다. 겉옷을 거는데 주머니에서 무언가가 잡혀 확인해 보니 아까 유일식이 건네주었던 초콜릿이 있었다. 안 줘도 된다고 사양했음에도 불구하고 초콜릿을 주머니에 몰래 넣어준 그의 행동이 너무 귀엽게 느껴졌다. 초콜릿 위에 쪽지가 있었다. 내용은 이러했다.

"맛있게 먹어요!"

초콜릿은 아깝다는 이유로 결국 시간이 한참 지나고서야 포장지를 뜯었다.

20XX.10.1 금

　출근길, 카페 안으로 들어가려는 익숙한 사람을 마주쳤다. 바로 고등학생 때 친했던 후배, '이진욱'이었다.
　"어? 진욱아!"
　"선배?"
　"진짜 오랜만이다. 잘 지내고 있고?"
　"당연하죠. 선배는 여전하시네요. 변한 거 없이 그대로세요."
　"그래? 다행이네. 고등학생 때 모습이 아직 남아 있나 보다. 나도 모르게 벌써 스물 둘까지 와 버렸어. 세월 참 빠르다, 그치?"
　"선배, 저도 스물 하나에요."
　"맞아, 너 고등학교 때 육상부 하지 않았나?"
　"에이, 그때는 그때고. 지금은 조금만 뛰어도 금방 헉헉 거려요. 제 체력도 이미 한물간 거죠."
　"육상부 하는 거 볼 때마다 되게 멋있었어. 땀 뻘뻘 흘리면서도 끝까지 달리려는 모습이 매우 인상 깊었고."
　"감사해요, 선배. 죄송하지만 저 급한 일 있어서 우리 나중에 길게 얘기해요. 먼저 가 볼게요!"

"그래, 잘 가."

카페 안으로 딱 들어가려 하는데, 나는 깜짝 놀라 소리를 질렀다.

"꺄악!"

카페 문 앞에서 매니저님이 우리 둘이 대화를 나누는 모습을 지켜보고 있었기 때문이다. 카페 문을 열고 들어가서 매니저님께 쭈뼛쭈뼛 인사를 드렸다.

"아, 안녕하세요."

"안녕하세요. 시월 씨, 좋은 점심이네요."

"대화 나누는 거 보셨어요?"

"네."

"언제부터요?"

"처음부터."

"보고 있는지 전혀 몰랐네요. 인기척이 없으셔서."

"시월 씨, 저분 애인이에요?"

"아니에요."

매니저님은 안도하는 듯한 한숨을 푹 쉬었다.

"난 또 애인 있는 줄 알았네요."

"제가 애인은 무슨. 저 이만 일하러 가 볼게요."

"네."

손님이 별로 없는 시간이었다. 여유롭게 휴게실에서 쉬고 있었는데 매니저님이 먼저 다가왔다.

"시월 씨, 그 남자 진짜 애인 아니죠?"

"아니라니까요. 고등학교 후배예요."

"사실 저 이진욱과 같은 대학교인데 소문이 그다지 좋진 않거든요."

"네? 진욱이가요?"

"지금까지 사귄 여자만 해도 몇 명인지…. 혹시나 저 후배한테 관심 있는 거라면 전 말리고 싶네요."

나는 매우 당황스러웠다. 물론 매니저님이 누군가를 안 좋게 볼 순 있다. 하지만 그렇게 생각한다고 해서 그 상대를 이간질하는 사람인 줄은 꿈에도 몰랐기 때문이다. 아무리 내가 좋아하는 사람일지라도 어디까지나 이간질은 옳지 않은 것 같아 날카롭게 한마디를 던졌다.

"그거 이간질이에요."

"네?"

"매니저님, 제가 아끼는 후배예요. 매니저님 말씀이 사실이라고 하더라도 사람을 각 이간질하시는 분이신 줄은 몰랐어요. 매니저님을 무척 존경했었는데 실망입니다."

나는 이 말을 전하고 다시 일을 하기 위해 카운터로 걸어갔다. 우리는 그 대화를 나눈 이후로 단 한마디도 나누지 않았다.

퇴근시간이 다가오고, 가방을 싸고 있던 참이었다.

"가보겠습니다."

"시월 씨 잠깐만요."

"네?"

"저랑 야경 보러 갈래요?"

"멀리는 갈 수 없어서 어려울 거 같네요."

나는 야경을 보러 가자는 그의 말을 차갑게 내쳤다. 매니저님은 내게 다가와 손목을 붙잡은 채 말했다.

"오늘은 제가 미안해요. 생각이 짧았네요. 시월 씨 말대로 특정인을 그렇게 비난하고 이간질하면 안 됐었는데…. 맛있는 거라도 사주

상사병 41

고 싶은데 저랑 같이 저녁 먹을래요?"

아까는 매우 실망했었지만 그래도 자신의 잘못에 대해 말하고, 사과할 줄 아는 그의 모습에 기분이 사르르 녹아내렸다. 나는 입을 쭉 내밀고 뾰로통하게 말했다.

"다음부터는 그러지 마세요."

"다신 실수 안 하겠다고 약속할게요."

매니저님은 새끼손가락을 내게 들이밀었다. 나는 내 새끼손가락을 걸었다.

"뭐 먹고 싶어요? 되도록 너무 비싸지만 않았으면 좋겠네요."

웃으면서 농담으로 하는 그의 말을 나도 받아쳤다.

"그렇다면 비싼 걸 고를 수밖에요."

내가 장난으로 한 말에 표정이 심각해진 매니저님이… 아니 바깥에서만큼은 나의 첫사랑인 유일식이 너무 귀여웠다. 나는 유일식의 손목을 잡았다. 그리고 유명하진 않지만 아는 사람들끼리는 맛집이라고 극찬하는 카레우동집에 갔다. 어렸을 때부터 자주 와서 그런지 나를 항상 기억해 주시는 푸근한 사장님이 보였다. 사장님은 주방에서 바쁘게 움직이시던 중이었다.

"사장님 저 왔어요!"

"어? 시월이 목소린데?"

주방 안쪽에 계시던 사모님이 내 목소리를 알아듣고 단번에 달려오셨다. 사모님은 내 엉덩이를 톡톡 치셨다. 그 모습을 유일식은 흐뭇하게 바라보고 있었다. 나는 항상 앉던 창가 구석자리에 앉고 유일식에게는 앞에 앉으라고 손짓했다. 사장님이 주문을 받으러 웃는 얼굴로 오셨다. 사장님은 너무 당연하게도 이렇게 말씀하셨다.

"늘 먹던 거지?"

"네."

유일식이 내게 물었다.

"늘 먹던 게 뭔데요?"

"카레우동이랑 치킨 가라아게 4조각이요. 매니저님 뭐 드실래요?"

"저도 똑같이 먹죠."

"알겠어요. 사장님 똑같은 걸로 두 그릇이요."

주방에 계시던 사장님이 웃으면서 대답하셨다.

"네."

사모님은 장난스럽게 킥킥 웃으시면서 우리 테이블로 오더니 이렇게 물으셨다.

"남자친구야?"

나는 괜히 사모님 말 때문에 유일식이 불편해 하진 않을까 걱정했다. 그러나 걱정할 필요가 없었다. 유일식은 웃으면서 장난을 유쾌하게 맞받아쳤다.

"제가 좋아하는 거예요. 얘는 아마 저한테 관심 없을 걸요?"

나는 당황스러우면서도 기분이 좋아졌다. 순간적으로 이 말이 사실이라는 착각 속에 빠져 있었기 때문에. 어차피 그 말은 내가 일방적으로 사실이길 바라는 짓궂은 장난일 뿐이었다. 속으로 많은 생각을 혼자 주고받았지만, 아닌 척 웃으며 말했다.

"장난기가 너무 짓궂으시네요."

"하하, 재밌잖아요."

속으로 생각했다.

'조금이라도 진심이긴 한가요.'

20XX. 10. 4. 월

　어김없이 카페 알바에 가는 길이었다. 카페 앞에 도착했는데 왠지 익숙한 뒷모습이 보였다. 바로 이진욱이었다. 나는 그의 어깨를 톡톡 건드렸다. 웃으며 인사를 건네자 힘없이 풀려 있던 진욱이의 눈이 엄청 커졌다.
　"선배 안녕하세요! 또 보네요?"
　"응. 또 보네."
　"처음에 돌아봤는데 딱 선배가 있어서 얼마나 놀랐는지 몰라요."
　"많이 놀랐어?"
　나는 장난스러운 웃음을 지었다.
　"조금?"
　"그렇다면 내 장난은 대성공이네."
　"여전히 장난기가 많으시네요. 어디 가는 길이에요?"
　"나 지금 여기 카페."
　"저도인데! 무슨 일로요?"
　"나 여기 알바하거든."
　"알바요? 진짜 구하기 힘들 텐데. 저는 이 나이 먹어도 알바가 안

잡혀요."

"너도 곧 구할 수 있을 거야."

"말이라도 감사해요. 알바 언제 끝나요?"

"8시쯤?"

"저도 그쯤 나갈 건데. 끝나고 저랑 저녁 먹어요."

"그래."

하하 호호 대화하던 도중, 갑자기 카페 문이 열리며 유일식, 아니 매니저님이 나왔다.

"시월 씨, 빨리 들어오세요."

"네."

"가 봐야 되나 보네요. 저도 그럼 들어가죠."

"응. 들어와."

나는 카페로 들어갔다. 진욱이의 주문을 받기 위해 나는 카운터 쪽으로 갔다. 그런데 갑자기 매니저님이 내 손목을 잡고 나를 커피 머신기 앞으로 끌고 갔다. 그러고는 "제가 주문을 받을게요. 다른 손님 커피를 만들어주세요."라고 했다. 매니저님의 눈빛은 당장이라도 사람 한 명을 죽일듯이 사납고 매서웠다.

'왜 저러시지.'

나는 커피 기계를 켰다. 커피를 만드는 도중에 둘의 대화가 잘 들려서, 나도 모르게 엿들어 버렸다. 매니저님은 평상시와 달리 차갑고 낮은 목소리로 말했다.

"주문하시겠어요?"

"아이스 아메리카노 하나 주세요."

"포인트 적립하시겠어요?"

"아니요."

"진동벨이 울리면 찾으러 와 주세요."

"네."

둘은 서로를 경계하듯이 무뚝뚝하게 대화했다.

'둘이 왜 저럴까? 아니다, 됐다…. 다른 데에 정신 팔지 말고 내 일이나 하자.'

생각을 하던 도중에 커피는 완성되었다.

"110번 손님!"

알바가 끝난 시간이었다. 나는 앞치마를 벗었다. 나가보니, 진욱이가 모든 준비를 마치고 나를 기다리고 있었다.

"선배, 끝났어요? 저랑 밥 먹으러 가요."

"그래, 뭐 먹을까?"

그때 매니저님이 다가왔다.

"시월 씨는 오늘 저랑 놀아야겠는데요?"

"네?"

당황스러운 말에 나는 어안이 벙벙해졌다.

"시월 씨, 우리 오늘도 그 카레우동집 갈까요? 같이 갔었던 곳."

"둘이 밥도 먹었어요?"

매니저님은 능글거리는 말투로 말했다.

"당연히 밥 먹었죠. 우린 친하니까. 안 그래요, 시월 씨?"

"네? 네…."

진욱이의 표정이 순식간에 구겨졌다.

"그만, 그만. 둘 다 유치한 싸움일 뿐이에요. 어쩔 수 없네요. 이렇게 된 이상, 공정한 판결을 위해 둘 다 같이 가죠."

"선배 저 사람은 왜 데려가요."

"저 사람이라니. 이래 봬도 당신 대학교 선배예요."

"둘이 친해지는 계기가 될지도 모르겠네요."

이진욱은 작지만 들릴 정도로 속삭였다.

"싫은데…."

이진욱은 우뚝 서서 같이 가지 않겠음을 표했다. 그러나 매니저님이 이진욱의 어깨를 툭툭 치고 말했다.

"곱게 따라와, 꼬맹이."

"꼬맹이?"

매니저님은 휘파람을 불며 앞으로 갔다. 이진욱은 화가 치밀어 올랐는지 바닥에 있는 깡통을 발로 세게 찼다. 나는 그들을 지켜보며 유치하다며 한숨을 푹 쉬었다.

예쁜 조명이 많은 먹거리 거리로 나가자, 다들 입에 침이 고여 있었다.

"시월 씨는 뭐 먹고 싶으세요?"

"선배 저희 돈가스 먹을래요?"

"후배님은 조용히 해요. 시월 씨 먹고 싶은 거 편히 고르게."

"저도 그냥 의견을 제시한 거뿐이거든요? 선배, 돈가스 별로예요?"

"아니에요. 돈가스 좋네요."

"선바 저기로 갈까요?"

이진욱은 3층에 있는 돈가스 집을 가리켰다.

"저기로 가죠."

우리는 3층 돈가스 집으로 향했다.

각자 메뉴판에서 골라 돈가스를 시키고 우리는 나올 때까지 수다를 떨고 있었다. 가니, 정확히는 일방적으로 다들 나에게만 질문을 해댔다.

"시월 씨는 무슨 계절 좋아해요?"

"겨울이요."

"저도 겨울을 제일 좋아…."

"선배, 무슨 음식 좋아해요?"

"이봐요 후배님. 제가 먼저 질문하고 있었거든요?"

이진욱은 매니저님의 말을 가볍게 무시하고 내게 대답을 원하는 듯한 표정을 지었다.

"나는 머랭 쿠키랑…."

"머랭 쿠키랑 팬케이크!"

"뭐야 형이 어떻게 알아요?"

"저기… 우리 벌써 형, 동생 사이였나?"

"뭐 어때서요. 시월 선배한테도 누나라 부를 수 있구만. 그렇죠, 시월 누나?"

"응, 당연히 되지."

이진욱은 유일식에게 알 수 없는 웃음을 지었다.

"시월 씨, 저도 그냥 일식이라 불러요."

"일식아?"

아차, 일식이라고 부르라고 하길래 한 치의 거절도 없이 그냥 바로 불러 버렸다. 나는 빠르게 말을 고쳤다.

"아, 일식 씨라고 부를게요."

일식이, 아니 일식 씨는 고개를 푹 숙이고 있었다. 일식 씨의 귀는 사과, 아니 토마토만큼 빨갰다. 나는 속으로 춥진 않은 건지 혹시나 내가 눈치 못 챈 게 있는 건 아닌지 걱정했다. 생각들을 되짚고 있던 중, 돈가스가 나왔다. 우리는 입가에 고였던 침을 한 번 쓰윽 닦고 맛있게 먹었다.

식사가 끝난 후에 집에 가기 위해 가방을 싸는 중이었다. 이진욱이 말했다.

"우리 이대로 헤어져요?"

유일식이 말했다.

"저는 이만 가 봐야 돼서. 밥도 먹었으니 헤어지죠."

"누나, 저희 축제 보러 갈래요?"

"축제? 잠깐 보고 올까?"

"시월 씨 시간도 늦었는데 얼른 들어가야죠."

그때는 9시밖에 되지 않은 상태였다. 같이 볼 수가 없어 우리를 보내려는 유일식의 속이 다 보였다. 장난기도 돌고 그런 유일식이 괘씸해서 나는 말했다.

"그럼 일식 씨 빼고 가면 되겠네요. 우리 둘이서."

나는 속으로 킥킥 웃고 있었지만 일식 씨의 눈은 당장이라도 울 것만 같았다.

"그럼 둘이 봐요. 저는 돌아가죠."

확 우울해진 유일식을 보고 깨달았다.

'나 달실수했구나. 어떡하지? 삐진 걸까?'

나는 이런저런 생각이 오가고 있었지만 일식 씨는 이미 택시를 잡고 떠난 뒤였다. 나는 이진욱에게 말했다.

"어쩌지, 장난이 너무 짓궂었나?"

"누나 왜 이리 눈치가 없어요."

"응?"

"저 형이 누나 좋아하는 거예요. 그러니까 딴 남자랑 있는 거 싫어하고."

"무슨 소리야."

나는 그냥 하는 말인 줄 알고 그 말을 비웃었다. 한참을 웃고 고개를 들어보니 진욱이는 온기 따위 모두 식어 버린 차가운 표정을 짓고 있었다.

"농담 아니었어?"

"아니에요. 진짜 같아요."

'일식 씨가 나를?'

속으로 의문을 품어봤지만 역시나 아니라고 느꼈다.

"아무튼 누나, 축제는 갈 거죠?"

"많이 속상하신 거 같은데. 우리가 축제 보러 가면 더 기분 상해하시지 않을까?"

"누나, 누나도 저 형 좋아해요?"

"뭐? 아니거든?"

"누나도 거짓말 진짜 못하네요."

"아니라니까?"

나는 억지로 인상을 찌푸리며 아니라고 말했다.

"누나 억지로 인상 찌푸리지 말고요."

눈치가 꽤 빨랐다. 나는 다시 인상을 펴고 말했다.

"아무튼 아니야. 축제는 오늘 못 갈 거 같아. 나도 사실 집 가서 과제해야 돼."

"알겠어요. 그 대신 내일 꼭 같이 가요. 내일이 축제 마지막 날이란 말이에요.."

"알았어. 내일은 무슨 일이 있어도 꼭 같이 갈게."

나는 바로 오고 있던 택시를 잡았다.

"택시!"

"누나 조심히 들어가요."

"응. 너도 조심히 가-."

나는 택시 문을 닫고 목적지를 말했다. 문을 닫을 때 진욱이가 속삭이며 작게 혼잣말하는 걸 조금 들었다. 너무 작게 말해서 정확히 무슨 말인지 듣지 못했다. 그치만 이 두 글자는 확실히 들었다.

"경쟁."

아름다운 자해

20XX. 10. 5. 화

어제 일 때문에 불안한 마음과 함께 카페에 출근했다. 일식 씨는 알바 모집 포스터를 붙이고 있었다.
"일식 씨."
"네. 시월 씨."
일식 씨의 목소리가 많이 흔들렸다.
"일식 씨, 어제 일 때문에 많이 화났어요?"
"아니에요."
목소리는 여전히 흔들렸다.
"일식 씨."
나는 일식 씨의 어깨를 잡고 내 쪽을 바라보도록 몸을 돌렸다.
"나 좀 돌아봐요. 어?"
의도치 않게 일식 씨의 눈물 고인 눈을 볼 수 있었다.
"일식 씨, 울어요?"
"아니요."
일식 씨는 흘쩍거리며 말했다. 그러고는 눈물을 쓱쓱 닦았다.
"왜 울어요. 울지 마요. 눈에서 보석 떨어져요."

나는 일식 씨가 나를 달랠 때 했던 말을 인용했다.

"그거 제가 했던 말인데. 기억하시네요?"

"당연하죠."

"어제 그렇게 놀리니까 재밌었어요?"

"정말 죄송해요. 그렇게 기분 나빠할 줄 몰랐어요."

잠시 일식 씨와 나는 말이 없었다.

"앞으로는 그러지 마요."

"네. 다시는 안 그럴게요."

"약속."

나는 일식 씨가 내민 새끼손가락에 내 새끼손가락을 걸며 대답했다.

"네, 약속."

"오늘 뭐 해요? 야경 보러 가기 딱 좋은 날씨인 거 같은데."

"오늘 날씨, 평소랑 다를 거 없는데요?"

"그냥 같이 야경 보고 싶어서 핑계 댄 거예요."

이런 사소한 말장난이 우리 사이를 더 돈독하게 가깝게 만들어주었다. 나는 그냥 웃으며 나눌 수 있는 일식 씨와의 대화가 가장 좋다.

"그럼 우리 오늘 야경 보러 갈까요?"

"알바 끝나고 가죠. 제가 태워다 드릴게요."

"정말요? 근데 오늘은 좀 어려울 거 같아요."

"왜요?"

왜 하필 오늘 야경을 보러 가자 한 걸까. 나는 오늘 해야 될 일을 말하기 힘들어하다 결국 용기 내어 입을 열었다.

"어제 진욱이랑 못 갔던 축제, 오늘 가기로 했거든요."

"아…."

일식 씨의 실망에 가득 찬 눈동자 안에는 내가 담겨 있었다. 나는 미안한 마음에 차마 고개를 들 수 없었다.

"오늘이 축제 마지막 날이라고 진욱이랑 꼭 가기로 했거든요."

"아니에요. 죄송할 일은 아니죠. 축제 즐겁게 보고 와요."

죄송하다고 더 말하려는 순간, 일식 씨는 등을 보이고 카운터로 가 손님을 맞이했다. 나도 알고 있다. 내 잘못이 없다는 거. 그러나 우울한 일식 씨를 보는 건 내 동정심과 죄책감을 심히 자극했다.

퇴근 시간이 다가왔고 나는 깊게 고민해 본 끝에 일식 씨에게로 다가가 말을 걸었다.

"일식 씨, 야경 내일 보러 갈까요?"

"정말요? 내일은 시간 돼요?"

"네. 생각해 보니 내일은 별거 없는 거 같네요."

"그래요. 오늘 굿 보는 건 아쉽지만 내일은 꼭 보러 간다고 약속해 주면 되죠."

"네."

이번엔 내가 먼저 새끼손가락을 내밀었다.

"약속."

일식 씨는 내 새끼손가락에 일식 씨의 새끼손가락을 걸었다.

"정말 약속이에요. 또 후배님, 그니까 진욱이와 논다고 제 약속 취소하시면 안 되요!"

"당연하죠."

약속을 취소할까 봐 불안해 하는 일식씨를 나는 귀엽다고 생각하였다.

카페 문을 열고 나가 보니 진욱이가 기다리고 있었다.

"누나, 빨리 좀 와요."

아름다운 자해

"응, 갈게 가."

우리는 손을 흔들어 저 멀리서 오는 택시를 잡고 목적지를 말했다.

"기사님, 팔이사 공원으로 가주세요."

팔이사 공원은 내 집에서 가까운 공원이다. 그러나 공원까지 걸어가기에는 시간이 많이 소비되고 진욱이가 빨리 가야 한다며 재촉한 탓에 택시를 탔다.

"오늘 축제 빨리 가야 돼요. 진짜 급해요."

"왜 그리 급한 건데? 가면 푸드코트만 있는 거 아니야?"

진욱이는 장난기 많은 목소리로 나의 호기심을 자극하며 말했다.

"과연 그럴까요?"

"뭐야, 뭔데."

"그런 게 있어요. 꼭 보여줘야 하는 게 있어서."

"그나저나 누나, 오늘 축제 가는 거 안 까먹으셨네요? 전 당연히 잊어버릴 줄 알았는데."

"뭐래. 중요한 건 잘 기억해."

"저와의 약속이 그렇게 중요해요? 정말 감동이네요."

"감동이라니. 난 누구와 했든 약속은 항상 중요하게 여겨."

"그럼 그 형이랑 하는 약속도 중요해요?"

"형? 누구? 일식 씨?"

"네."

"당연하지. 그래도 직장 동료인데."

"제 약속을 조금만 더 중요하게 생각해 줄 순 없어요?"

"둘 다 똑같이 중요한데?"

"그래도 조금이라도 더."

"내 눈엔 너네 둘 다 똑같아. 조금이라도 더 많은 걸 바라지마. 둘

다 소중하니까."

"누나 근데 그거 알아요? 원래 첫사랑은 안 이뤄진대요. 누나는 그게 진짜 같아요?"

"갑자기? 애초에 그게 무슨 말이야. 누가 그래? 첫사랑은 안 이뤄진다고."

"당연히 그냥 하는 말이겠죠. 거짓말이 분명해요. 제 첫사랑은 누나인데."

"뭐?"

갑작스러운 고백에 무지 당황했다. 나는 진욱이를 쳐다보며 말을 어버버 더듬었다.

"왜, 왜 네 첫사랑이 나야?"

"누나 우리 첫 만남도 기억 안 나요?"

"첫 만남?"

"네. 제가 엄청 아끼던 팔찌 떨어뜨렸다가 누나가 찾아 주셨잖아요. 정말 기억 안 나요? 저 아직도 너무 생생한데."

"그랬었나?"

"저 그때 누나가 저한테 팔찌 잘 챙기라면서 건네주는데 너무 예쁘고 멋있었던 거 있죠. 정말 반했었어요. 시크해서 멋있고, 눈망울이 크니 예뻐서.'

첫 만남을 진욱이의 말을 통해서 되새긴 나는 이 금시초문을 듣고 의아하지 않을 수가 없었다.

"정말 실망이에요! 이것도 기억 못 하다니."

"미안해. 정말 몰라서 물어본 거였어."

"괜찮아요. 제가 얘기해서 알았잖아요."

진욱이는 가벼운 한숨을 푹 쉬었다.

"그래도 너무 다행이에요. 누나를 다시 만날 수 있어서."

"왜?"

"방금 말했잖아요. 누나 제 첫사랑이라고. 몇 번이고 누나를 찾아다녔는데. 운명처럼 그 카페 앞에서 딱 만난 게 너무 신기해요. 우리 진짜 인연인 거 같아요."

나는 그 말에 대답할 수 없었다. 알다시피 나는 진욱이가 그렇게 경계하는 일식 씨가 내 첫사랑이기 때문이다.

"누나 왜 대답이 없어요?"

빨리 주제를 돌려야만 했다.

"도착했네. 이제 내리자."

축제 장소로 도착하니 8시 30분이었다. 나는 예쁜 조명으로 장식된 축제를 보고 눈이 동그래졌다. 너무 아름답고 예뻐서 눈을 떼려야 뗄 수 없었다. 그리고 방방 뛰며 진욱이에게 저멀리 아이스크림 집을 가리켰다.

"진욱아, 저기부터 가자."

"누나 좀 진정해요."

나는 진욱이의 손목을 잡고 아이스크림 가게까지 이끌었다.

엄청 크고 달아 보이는 초콜릿, 바닐라 아이스크림을 각자 한 손에 들고 축제를 구경했다. 향수를 직접 만드는 향수 공방도 있었고, 설탕이 가득 뿌려진 츄러스 가게도 있었다.

"츄러스도 맛있겠다. 아이스크림 다 먹고 이따가 사가자."

"좋아요 누나. 누나가 이렇게나 좋아할 줄 몰랐어요. 걱정 많이 했는데. 너무 다행이에요."

"응. 나 이런데 엄청 좋아해. 볼게 한두 가지가 아니네. 그 와중에 사람도 진짜 많다."

"그러게그. 사람 많아서 되게 시끄러운데도 누나가 제 옆에 있어서 저는 좋아요."

나는 진욱이가 한 말에 바로 대답하지 못했다. 나를 다정한 눈빛으로 바라봐 주는 진욱으로부터 고백을 받은 뒤로는 미안함이 가득해졌기 때문이다. 나는 고민고민하다가 끝내 모호하게 넘겼다.

"좋아해 줘서 고마워."

지금 시간은 9시, 갑자기 큰 소리가 하늘을 울렸다.

"팡. 팡."

"뭐지?'

"누나 이게 제가 보여주려던 거예요." 하늘이라는 도화지에 불꽃이라는 아름다운 그림이 새겨져 있었다. 나도 모르게 어린아이처럼 신이나 까치발을 들고 하늘을 바라보았다.

"우와."

큰소리가 날 때마다 머리가 띵하고 아프기도 했지만, 나는 그다지 신경 쓰지 않았다. 내 시선을 오로지 불꽃에게로 고정시켰다.

"누나 예쁘죠?"

"응. 진짜 예뻐. 불로 이루어진 꽃송이들이네."

"오늘이 불꽃놀이 마지막 날이거든요, 꼭 보여 주고 싶었어요."

"보여줘서 고마워. 근데 불꽃 터질 때마다 머리가 좀 아프다."

"누나 머리 아파요? 두통약 줄까요?"

"아니야 괜찮다. 금방 낫겠지."

"진짜 괜찮은 거 맞죠?"

"진욱아 저기 봐 봐. 불꽃이 하트 모양이야."

"그렇게 예뻐요?"

"응. 무지 예뻐. 혹시 불꽃놀이 언제까지 해?"

아름다운 자해 59

"마지막 날에 잠깐 하는 거라 10분밖에 안 해요."

"지금 9분인데 곧 끝나겠다."

머리는 점점 아파졌지만 불꽃놀이가 끝나면 괜찮아질 거라고 단순하게 생각했던 나는 두통이 멎지 않음에도 헤벌레 웃으며 계속 불꽃을 바라봤다.

불꽃놀이는 점점 막을 내려갔고, 마지막 하이라이트가 펼쳐지는 순간이었다.

"팡. 팡. 팡."

수많은 불꽃이 터졌다가 흘러내렸고, 내 머리는 당장이라도 깨질 거 같았다. 이때 진욱이가 말을 걸어왔다.

"누나, 저 사실⋯."

"윽⋯."

시야가 어두워졌고 소리는 더이상 들리지 않았다. 내 귀에는 불꽃이 터지는 소음으로 가득찼고, 다리에는 힘이 풀렸다. 나는 마침내 쓰러지고 말았다.

"누나!"

진욱이가 부르는 소리는 내 그날의 기억 속 마지막 순간이 되었다.

20XX. 10. 6. 수

"훌쩍, 훌쩍."

훌쩍거리는 소리에 깨어보니 병원이었다. 옆에는 가족과 진욱이와 일식 씨가 있었다.

"다들 왜 여기에, 아니 애초에 제가 왜 여기에 있죠?"

진욱이가 대답해 줬다.

"누나, 누나 쓰러졌어요. 훌쩍."

"시월 씨, 기억이 하나도 안 나요? 지금 시야는 어떻죠? 제가 보이긴 한가요?"

일식 씨는 걱정되는 말투로 내게 많은 질문을 했다. 너무 많은 질문을 해서 내 머리는 더 혼란스러워졌다. 엄마와 아빠도 한마디씩 덧붙이셨다.

"시월아 괜찮은 거 맞니? 엄마가 전화받고 두지 걱정했단다."

"딸. 다시 누워. 무리해서 일어나지 마."

아빠가 나를 다시 눕혔다.

"아니, 다들 진정하고 천천히 하나씩 말해봐요."

현장에 있었던 진욱이가 상황 설명을 하려 했다.

아름다운 자해

"누나랑 불꽃놀이⋯ 훌쩍. 보고 있었는데⋯ 훌쩍."

진욱이가 진정하지 못하고 자주 훌쩍거리는 바람에 이야기를 전해 들은 일식 씨가 대신 설명해 줬다.

"시월 씨랑 진욱이가 불꽃놀이를 보던 중, 하이라이트 부분이 나왔는데 소리가 너무 컸던 건지, 아님 유독 컨디션이 안 좋았던 건지 시월 씨가 쓰러졌다고 하네요."

"훌쩍 훌쩍."

"일단 진욱아 그만 훌쩍거리고 조금 진정해 봐. 엄마 얘 물 한 잔 갖다주세요."

"여기 물 마셔라."

"감사합니다, 훌쩍."

"불꽃놀이 보다가 진욱이가 저한테 '누나!'라며 외친 거를 마지막으로 더이상은 기억이 안 나네요. 그나저나 저 오늘 카페 알바인데. 일식 씨, 여기 계셔도 되는 거 맞으세요?"

"네. 직원들한테 맡기고 왔어요."

"그럼 저는요?"

"시월 씨는 오늘 좀 쉬어요. 직원들에게 철저하게 맡겨놨으니까."

"이래도 되는 거예요?"

"소중한 직원이 아픈데 어떻게 병문안도 안 오고 일을 해요. 저는 그럴 수 없다고 생각해요."

나는 쿡쿡 웃으며 말했다.

"감사합니다, 일식 씨."

일식 씨는 감사하다는 내 말을 듣고 조금 우쭐해진 듯해 보였다.

"그나저나 진욱이는 왜 울어?"

물을 한 모금 마시고 조금 진정한 진욱이가 말했다.

"다 제 잘못인 거 같아서요. 쓰러지게 된 것도, 지금 시월 누나가 병원에 있는 것도….'

"그게 왜 네 탓이야."

나는 기지개를 폈다.

"몸이 즈금 안 좋았었나 보네. 의사 선생님이 뭐라나요? 별 이상 없다죠?"

호랑이도 제 말하면 온다더니, 그때 의사선생님이 문을 열고 병실로 들어오셨다.

"편두통입니다."

"네?"

무지 당황스러웠다. 그날 그저 컨디션이 좋지 않았던 거라 여겼던 나는 절대로 '편두통'이라는 증상이 있을 거라고 생각하지 못했기 때문이다.

"편두통 증상 중에서 큰소리 때문에 두통이 몰려오는 것도 있습니다. 병원에서 며칠 약 챙겨 먹으면서 푹 쉬시면 될 거 같아요."

이 말을 듣자마자 일식 씨가 바로 말했다.

"다른 건 몰라도 카페 알바는 제가 직원들에게 맡겨 놓을게요. 너무 걱정하지 말고 푹 쉬어요."

진욱이도 한마디 했다.

"누나, 저 오늘 하루 종일 아무것도 없거든요? 제가 옆에 있어 드릴게요."

진욱이가 한 말에 불만이 있었던 건지 경쟁심이 발발한 일식 씨는 어금니를 깨물고 말했다.

"저도 오늘 직원들에게 카페 맡겨 놔서 할 게 없네요. 저랑 같이 있어요, 시월 씨."

나는 둘의 유치한 모습을 보고 가장 모범적인 대답을 했다.

"다행이네요. 둘 다 제 곁에 있어 주세요. 그럼 지루할 일은 없겠네요."

"누나, 저 형은 그냥 보내면 안 돼요?"

"저기요 후배 씨. 언제부터 제가 그쪽 형이에요?"

"아이참. 그냥 쿨하게 넘겨요."

진욱이는 일식 씨를 째려보며 한마디 더 했다.

"쪼잔하기는…."

일식 씨가 매서운 눈빛으로 말했다.

"이런 무례한 후배를 다 봤나!"

이 사이에 낀 나는 한숨을 푹 쉬었다. 둘은 모두 성인이지만 대화만 보면 유치원생들과 다를 바 없었다. 이를 지켜보시던 엄마가 손에 들고 있던 쇼핑백을 건네주었다. 엄마가 말했다.

"죽이야. 나중에 먹고 몸보신 좀 하라고. 엄마, 아빠는 둘 다 일이 있어서 먼저 가 볼게. 잘생긴 친구가 둘이나 있어서 듬직하겠구나."

엄마가 호호호 웃으셨다. 장난기가 발동한 진욱이는 엄마에게 일식 씨를 가리키며 말했다.

"어머니, 저 형보다 제가 나을 걸요?"

"뭐라고? 지금 어디서 선배님한테 버릇없이!"

일식 씨의 표정은 억지로 웃고 있었고 말을 할 때는 어금니를 깨물고 있었다. 유치한 둘의 바보 같은 싸움을 지켜보는 나는 절로 웃음이 났다.

"어? 누나 웃었다."

"역시 시월 씨는 웃는 게 예쁘네요."

나는 또 귀가 달아오를까 봐 귀를 가렸다. 그러나 의미 없었다. 이미 볼이 복숭아처럼 발그레졌기 때문이다.

"시월아 조금 낫다니 다행이구나. 엄마, 아빠는 정말로 가 볼게. 푹 쉬어라.'

엄마, 아빠는 문을 열고 내게 인사를 건네며 유유히 사라지셨다. 우리 셋만 남은 병실, 그러나 다른 환자들이 있었기에, 나는 진욱이와 일식 씨에게 조용히 하라는 주의를 주었다. 둘은 검지를 입으로 갖다 대며 조용히 하겠다고 표현하였다. 그들이 너무 귀엽게 느껴졌던 나는 머리를 동시에 쓰다듬었다. 진욱이는 다시 한 번 쓰다듬어 달라며 나에게 머리를 들이밀었다. 그러자 일식 씨도 질 수 없다며 진욱이의 행동을 똑같이 따라 했다. 병실 안에서는 바보 같은 싸움이 반복되었다.

밤이 되었다. 시간은 10시. 달은 밝게 빛나고 있었고 일식 씨와 이진욱은 지치지도 않는지 가만히 앉아서 또랑또랑한 눈으로 나를 계속 바라보았다. 그리고 끊임없이 이것저것 질문했다. 나는 점점 눈이 감기고 있음을 인식했는데도 둘의 말에 귀를 기울이며 열심히 대답해 주었다.

"누나는 취미가 뭐예요?"

"나는 책 읽는 거 좋아해."

"책 읽는 거? 너무 지루하지 않아?"

"아니야. 얼마나 재밌는데. 내가 아닌 다른 사람의 삶을 엿보는 기분이랄까. 그냥 생각 없이 한 페이지 한 페이지 넘기다 보면 시간도 금방 가고."

일식 씨가 말했다.

"책 읽는 거 좋죠."

진욱이는 일식 씨를 쳐다보며 말했다.

"뭐예요. 누가 보면 책 많이 읽는 줄 알겠어요. 책 한 권도 안 읽으실 거 뻔한데."
"뭐요?"
둘은 또 서로를 째려봤다.
"일식 씨 책 읽는 거 좋아하잖아요."
"네? 어떻게 알았어요?"
"어떻게 알았겠어요. 그냥 하는 말이겠죠, 뭐."
"아니에요. 알고 있었어요."
이를 알게 된 건 중학교를 다닐 때였다.

사람은 사랑을 잊지 못한다

이 사건이 시작된 장소는 도서관이었다. 나는 평소 독서를 좋아하는 학생이라 쉬는 시간이나 점심시간이 되면 도서관을 가곤 했다. 도서관에 있는 수많은 종류의 책이 나를 유혹했기 때문이다. 도서관에는 사람이 많이 있지 않았다. 학생들은 대부분 도서관에서 책을 읽기보다 진욱이처럼 친구들과 수다 떠는 걸 더 재밌어하기 때문이었다. 그러나 이날은 조금 달랐다. 쉬는 시간에 나랑 동급생 교복을 입고 있는 전학생 남자아이를 발견하였다. 그때의 전학생 남자아이는 책을 읽고 있었고, 나는 그 모습을 대충 보고 고개를 돌렸다. 내 책을 읽기에도 바빴고 관심도 없었기에.

도서관에서 책을 많이 빌리면 주는 다독상이 있다. 나는 다독상을 매번 타곤 했다. 왜냐하면 우리 학교에는 책을 즐겨 읽는 학생이 별로 없었으니까. 그날은 시상식이 있는 날이었다. 나는 너무 당연하게도 방송실로 향했고 방송실에 일찍 들어가 앉아 있었다. 문이 열렸고 나는 선생님인 줄 알고 일어섰지만 문을 열고 들어온 사람은 예상치 못한 사람이었다. 바로 그 전학생 남자아이였다. 나는 당연히 다른 상을 받기 위해 전학생 남자아이가 방송실에 왔다고 확신했다. 당황스러운 말을 들은 건 선생님이 방송실에 오고 나서부터였다.

"시월아, 너 왜 여기 있니?"

"네? 그 다독상 받으려고 왔는데요?"

"다독상? 그거 이번엔 일식이가 받잖아."

"네? 일식이요? 걔가 누구예요?"

나는 두리번두리번거리다가 알게 되었다. 전학생 남자애의 이름이 유일식이었다는 걸.

'내가 아니라 얘가 수상을 한다고?'

상을 놓친 건 이번이 처음이라 나는 매우 황당했다. 그리고 너무나 부끄러웠다. 다독상을 받을 거라 착각한 채 방송실에 와서 선생님에게 떳떳하게 상 받으러 왔다고 한 내 모습이 너무 바보 같았다. 나는 방송실을 뛰쳐나갔고, 얼굴과 귀는 새빨개져 있었다. 그렇게 민망한 사건을 통해 나는 유일식이라는 존재를 알게 되었다.

그날도 어김없이 책을 읽으러 가는 날이었다. 도서관에 들어갔는데 유일식이 자리에 앉아 책을 읽고 있었다. 경쟁심이 생긴 나는 부들부들거리며 생각했다.

'이번에도 다독상을 뺏길 수는 없어!'

내 계획은 이러했다. 유일식과 자주 놀면서 친해지고 걔의 책 읽는 시간을 뺏는 것. 나는 이 치밀한 계획을 그 자리에서 바로 실천했다.

"안녕?"

"안녕."

"혹시 나 기억해? 우리 방송실에서 만났었잖아."

"응, 기억하지. 얼굴 엄청 빨개져서 갑자기 도망갔잖아."

굳이 그 일을 언급하는 유일식이 무지 재수없었다. 눈치가 엔간히 없는 모양이었다.

"응, 그랬지. 다른 애들은 도서관 잘 안 오는데. 너는 심지어 전학생이면서 도서관 왜 오는 거야?"

"나 책 읽는 걸 좋아해서. 전 학교에서도 도서관에 자주 왔었어."

"그렇구나. 도서관 나가서 나랑 놀지 않을래? 학교 구경은 제대로 했어? 내가 구경시켜 줄게."

"그럴까?"

말을 잘 받아준 탓에 유일식은 친해지기 쉬워 보였다. 나는 유일식의 손목을 잡고 학교 구경을 시켜줬다. 음악실, 미술실, 그리고 각 층에 있는 교무실 위치도 알려줬다. 그렇게 나와 유일식은 많은 대화를 나누며 빠른 속도로 친해졌고, 오히려 내가 유일식과 놀러 다니며 책을 읽는 시간이 줄어들었다. 다음 다독상 수상 날이었다. 유일식과 함께 놀러 다니며 책을 자주 빌리지 않은 나는 불안하기보다 더 당당해졌다. 유일식도 함께 책을 안 빌렸기 때문이다. 나는 당당하게 방송실에 들어갔다. 방송실에는… 유일식도 있었다.

"네가 왜 여기 있어?"

"응? 이번 다독상 수상자 나인데?"

"뭐?"

말도 안 되는 변수가 생겼다.

'왜 수상자가 유일식이지?'

몇 번이고 과거를 되돌아보아도 유일식은 나와 함께 다니면서 독서하는 시간이 줄었을 수밖에 없었다.

"말도 안 돼!"

나는 누군가에게 패배했다는 사실에 끓어오르는 열등감을 주체하지 못하고 눈물을 뚝뚝 흘렸다. 닭똥 같은 눈물이 뚝뚝 떨어질 때, 유일식은 손수건을 내밀었다. 손수건에는 금잔화 자수가 새겨져 있었다.

 나는 눈을 떴다. 병실 벽에 기대어 각자 눈을 지그시 감고 있는 일식 씨와 진욱이를 볼 수 있었다. 모두가 깜빡 잠에 든 모양이었다. 나는 꿈에서 금잔화가 새겨진 손수건을 마지막으로 보고, 전에 카페 면접 보러 가는 길에 주웠던 목도리를 떠올렸다.

 "맞다, 목도리!"

 아직도 경찰서에 갈기지 않은 게 생각났다. 나는 꽤 합리적인 의문에 빠져 혼잣말로 유추해 보았다.

 "그 목도리… 일식 씨 꺼인가?"

 나는 잠든 일식 씨를 보았다.

 "나중에 보여줘 봐야겠다."

 다시 눈을 감았다.

사람은 사랑을 잊지 못한다

20XX. 10. 7. 목

새가 지저귀는 소리에 나는 부스스한 모습으로 잠에서 깼다.
"벌써 아침이구나."
나는 앉아서 하품을 크게 하고 기지개를 쫙 폈다.
"아, 졸리다."
주위를 둘러보니 이미 깨어 있던 진욱이가 있었다.
"누나, 잘 잤어요?"
"응. 일식 씨는?"
"일어나자마자 형부터 찾는 거예요? 실망이네요."
"아니, 안 계시길래. 아무튼 어디 가셨어? 일 가셨을라나?"
"네. 누나 아침 좀 먹어요."
진욱이는 내게 밥상을 갖다 줬다. 나는 밥을 오물오물 씹으며 물었다.
"너도 돌아가야 되는 거 아니야?"
"저는 오늘까지만 한가해요. 그러니 내일은 아쉽지만 무리일 거 같네요."
"그래 이틀이나 같이 있어 주는 게 어디야."

"잘했죠!"
"응, 잘했어."
나는 다시 밥을 오물오물 씹었다.
"맛있어요?"
"응. 네가 직접 갖다 준 거라 그런가? 맛있네."
"정말요? 제가 갖다 준 거라 그런 거예요?"
"맞는 거 같아. 매번 고마워."
"아니에요. 도움 줄 일 있으면 항상 말해 줘요."
"그래도 돼?"
"당연하죠!"
"그래. 말이라도 고마워."

나는 병실 문 쪽을 응시했다. 눈치를 챈 건지 진욱이는 내게 말을 걸었다.

"누나, 밖으로 나가고 싶어요?"
"응. 밥도 다 먹었겠다, 산책하러 나갈까?"
"누나랑 산책? 완전 좋아요!"

항상 밝은 진욱이에게 고마운 마음이 가득했다. 나는 병실의 문을 열고 밖으로 나갔다.

"누나, 진짜 괜찮아요?"
"뭐가?"
"저 때문에 이렇게 된 거 같아서요. 아니, 같은 게 아니라 맞잖아요. 저 때문인 거."
"아니야. 이번 일이 왜 너 때문이야."
"제가 괜히 편두통 있는지도 모르고 불꽃놀이 보러 가자 해서…."
진욱이는 고개를 푹 숙였다.

사람은 사랑을 잊지 못한다

"너 때문 아니니까 자책하지 마."

"정말이에요?"

"응, 정말."

진욱이는 다시 고개를 들어 마치 강아지처럼 초롱초롱한 눈빛으로 나를 바라봤다.

"오늘 퇴원할 수는 없나?"

"의사 선생님한테 여쭤볼까요?"

"응. 그러자."

우리는 의사 선생님이 계신 방을 찾아가 문을 두드렸다. 의사 선생님이 응답하셨다.

"네, 들어오세요."

"안녕하세요. 이번에 입원한 한시월이라고 합니다. 오늘이면 퇴원할 수 있는지 여쭤보러 왔는데요. 가능할까요?"

"제가 찾아가서 말을 전해드렸어야 했는데 깨어 계신지 몰랐네요. 약 때문에 오랫동안 잠에 드신 줄 알았거든요. 머리는 좀 괜찮으세요?"

"네, 많이 좋아졌습니다."

"그럼 내일부터는 집에서 쉬셔도 됩니다. 약 챙겨 먹는 거 잊지 마시고요. 그래도 오늘 저녁까지는 병실에서 쉬시는 걸 권장합니다."

"네. 알겠습니다."

"감사합니다!"

진욱이는 오늘 안에 집에 돌아갈 수 있다는 사실에, 또는 내가 많이 괜찮아졌다는 사실에 기분이 좋아져 밝게 인사를 드리고 방문을 닫았다.

"다행이다. 정말로!"

"그러게. 일이 잘 풀리네."

우리는 서로를 보며 웃었다.

저녁 시간이 다가왔다. 나는 저녁까지 자다가 진욱이의 부름에 잠이 깼다. 자다 일어나서 그런지 나는 비몽사몽인 상태로 짐을 쌌다.

"졸리다."

"누나 많이 졸려요?"

"응. 조금 많이 졸리네."

"안되는데? 이제 퇴원 기념으로 나랑 놀아야 되는데?"

"뭐래. 내가 놀 시간이 어딨어. 그래도 환잔데."

"그래도 저랑 조금 놀아요, 네?"

"그건 안될 거 같은데?"

열려 있는 병실 문밖에는 일식 씨가 있었다.

"시월 씨, 오늘 원래 출근인데 제가 다른 직원으로 대체한 거잖아요. 그 일에 대한 보답은 하셔야죠."

진욱이는 찡그린 표정으로 일식 씨를 노려보며 말했다.

"역시 쪼잔해…"

"뭐라고? 꼬맹이. 네가 하는 말 다 들리거든? 이게 봐줬더니."

"누나! 이 형이 저 때려요!"

"언제 부터 내가 네 형이야!"

둘이 한결같이 투닥투닥거리는 모습을 보고 나는 한숨을 푹 쉬었다.

"여기 아직 병실이거든요? 다들 조용히 해요! 왜 이리 예의가 없어요?"

둘은 나의 잔소리에 한없이 작아져서 작게 속삭이며 구시렁거렸다.

사람은 사랑을 잊지 못한다

"누나 화났다. 무서워."

"그러게. 시월 씨 화났을 때만큼은 꽤 무서운 사람이었네."

"누나 우리 조용히 할게요. 화내지 마요."

나는 한숨을 쉰 뒤에 속삭이며 말했다.

"그래요. 다들 조용히 나가요."

"네."

"네."

둘이 대답한 후 조용히 병실을 나갔다.

병원을 나가자 상쾌한 공기가 나를 감쌌다. 드디어 감옥의 속박으로부터 자유를 찾은 느낌이었다.

"기분 좋다."

"누나 기분 좋아요? 아직도 화나진 않았죠?"

"응. 화 안 났어."

"시월 씨, 이제 저 꼬맹이는 보내죠. 8시면 잘 시간 아닌가요?"

"누나 자꾸 저 형이 놀려요!"

"일식 씨도 그만해요. 이진욱 너도 네 선밴데 선배라 불러야지. 자꾸 예의 없게 장난치지 말고."

나는 마치 두 남동생의 누나가 된 느낌이었다.

"저 오늘은 시간 많거든요? 누나, 우리 저녁 먹으러 가요."

"그럴까?"

"시월 씨, 저도 데려갈 거죠?"

"당연하죠. 일식 씨도 와 줬는데."

"저 형 데려갈 거예요?"

일식 씨는 진욱이를 째려보며 말했다.

"왜. 불만 있어?"

나는 고개를 절레절레 내저으며 말했다.

"둘이 그만하고 우리 침묵 게임할까요?"

"그래요! 침묵 게임 지는 사람이 밥 세 명치 사기! 이제 시작!"

"네? 네? 아."

"우와, 선배님이 걸렸다!"

"이건 봐줘요."

"그런 게 어딨어요."

우리는 다 같이 함박웃음을 지으며 가게로 향했다.

밥을 먹으러 어느 가게에 갈지 토론을 시작했지만, 진욱이가 이를 기회 삼아 전에 일식 씨와 갔었던 "카레 주방"이라는 가게가 궁금하다고 했다. 진욱이가 질문했다.

"누나는 첫사랑이 누구예요?"

당황스러운 질문이었다. 내 첫사랑은 바로 옆에 있으니까…. 나는 차마 대답을 하지 못하고 주제를 돌렸다.

"저기 카레우동집 비싸지도 않고 진짜 맛있어."

"누나 답 회피하는 거예요? 왜 회피하실까?"

"그러게요. 저도 궁금하긴 하네요. 시월 씨 첫사랑."

유일식이 한 번 더 거들어서 나는 더이상 답을 회피할 수 없었다. 그 대신 나는 유추할 수 없도록 추상적이게 대답했다.

"저 지금 첫사랑을 짝사랑하는 중이에요."

진욱이는 놀라는 표정을 지으며 말했다.

"정말요? 저탕 똑같네요!"

일식 씨는 진욱이에게 물었다.

"진욱이 첫사랑 누군데?"

"저 시월 누나요."

짧지만 길게 느껴지는 침묵이 흘렀다.

"잠깐, 뭐라고?"

"저 지금 시월 누나 짝사랑 중인데요? 시월 누나가 제 첫사랑이에요."

나는 민망해서 먼산을 바라보고 있었다.

"시월 씨. 저 말이 장난이에요, 아님 진짜예요?"

"제가 이런 장난을 왜 치겠어요. 누나도 있는데."

나는 애써 둘의 대화를 외면했다.

"언젠가 누나에게 멋진 사람이 돼서 누나한테 꼭 고백하고 싶어요. 제 올해 목표예요."

나는 빠른 걸음으로 먼저 앞장섰다. 내 귀는 이미 빨갛게 달아오른 뒤였다. 그리고 어색한 어루로 말했다.

"도착했다. 다들 추우니까 빨리 들어가자."

"네."

"네."

우리 셋은 가게로 들어가 주문을 했다. 메뉴를 기다리며 아까와는 다른 대화를 하려 먼저 입을 열었는데, 기회를 놓치자 역시 '첫사랑'이라는 똑같은 주제가 나왔다.

"맞다. 시월 씨 첫사랑 누구라 했죠? 안 알려줬던 거 같은데."

'너라고요, 너….'

나는 겉으로는 애써 웃고 속으로 답답해 하였다.

"말해 주기 어려울 거 같네요."

"뭐 어때요. 어차피 모르는 사람 아니에요?"

'네. 아니에요.'

고구마를 많이 먹은 듯 속이 답답했다.

"누나 저는 첫사랑 느나인 거 알죠?"

진욱이가 부드럽게 웃으며 나를 보았다.

"응…. 응!"

나는 역시 애매하게 대답했다.

"엄청 길게 끄시네. 그래서 첫사랑 누구냐고요. 설마 제가 아는 사람이에요?"

일식 씨는 의아한 표정으로 나를 보았다. 나는 답답해서 어쩔 줄 몰라 하고 있었다.

"선배, 얘기해 주기 싫은가 보죠! 근데 누나, 저한테는 말해 주면 안 돼요?"

"둘 다 그만해요."

나는 얼굴이 빨개진 채로 부들부들 거리며 둘을 노려봤다 둘은 분위기를 눈치채고 더이상 질문하지 않았다. 메뉴가 나오고 우리는 저녁을 순식간에 해치웠다. 배가 부른 진욱이가 먼저 입을 열었다.

"아 배부르다."

"띠리링-."

일식 씨가 물었다.

"누구 핸드폰이에요?"

내가 핸드폰을 확인하고는 말했다.

"저는 아니네요."

진욱이가 핸드폰을 확인하더니 말했다.

"저예요."

진욱기는 핸드폰 잠금을 풀고는 기겁했다.

"과제 하나 까먹었다! 12시까지 제출 안 하면 학점 테러 당해요! 저 먼저 급히 가 볼게요!"

진욱이는 인사도 생략하고 빠르게 집으로 갔다. 우리 둘, 그러니까 일식 씨와 나 둘이 남게 되었다.

'둘밖에 없네. 어색하다….'

나는 분위기를 풀 겸 일식 씨에게 말했다.

"우리 산책도 할 겸 팔이사 공원까지 걸어가는 거 어때요?"

"그래요."

어쩐지 일식 씨는 많이 긴장된 모양이었다. 일식 씨의 얼굴에서 식은땀이 줄줄 흘렀다.

"더워요?"

"아니에요. 가을이라 선선하고 좋네요.."

무언가 말투도 어색해진 느낌이었다.

"시월 씨."

일식 씨가 용기 내어 먼저 말을 꺼냈다.

"있잖아요, 그게 그러니까."

일식 씨는 말을 더듬었다. 나는 대충 내용을 알 수 있었다. 흘러내리는 식은땀, 그리고 눈치보며 꺼내는 말. 일식 씨가 아픈 게 분명하다.

"일식 씨 어디 아프죠. 당장 집 갈까요? 요즘 날씨가 선선해서, 온도차가 심해서인지 감기 잘 걸려요. 당장 집 가서 푹 쉬는 게 좋겠어요."

"아니 시월 씨 그게 아니라."

"네?"

"좋아해요."

"네?"

"진욱이는 시월 씨가 첫사랑이라는데, 어쩌면 시월 씨도 관심 생겼지 않았을까 싶어서 그냥 말해요. 시월 씨 좋아해요. 중학교 때 건네줬던 손수건도, 시월 씨랑 유독 친하게 지냈던 것도 다 시월 씨에게 관심 있었던 관심이 있어서예요."

나는 갑작스러운 고백에 매우 당황해 어버버거렸다.

"그러니까 손수건‥ 아니 그러니까, 저를 좋아한다는 거예요?"

"네, 첫사랑 얘기 나와서 하는 말인데, 저에겐 첫사랑이 시월 씨예요. 먼저 그렇게 다가와 준 것도, 저에게 베풀어 줬던 배려들도 다 제겐 호감을 사는 행동이었어요. 시월 씨 혹시 아까 첫사랑 얘기할 때 진욱이가 자리에 있어서 대답 못 했던 거예요? 진욱이 좋아해요?"

일식 씨는 흥분했는지 내게 한 발자국씩 다가왔고 나는 벽에 부딪혀서 더이상 피할 수조차 없었다.

"일식 씨 조금 진정하고 제 말도 조금 하게 해 주세요."

"네."

일식 씨는 눈을 감고 숨을 한 번 들이마셨다. 그리고 진정이 된 듯 눈을 다시 떴다.

"저도 일식 씨 좋아해요."

"네? 정말요?"

일식 씨는 놀람과 동시에 기뻐서인지 양손으로 내 손목을 잡고 내게 더 가까이 다가왔다.

"일식 씨 너무 가까워요…."

"아, 네. 죄송해요."

나는 너무 심장이 빨리 뛰어서 아무 말도 나오지 않았다. 내가 무슨 말이라도 하기를 기다리는 일식 씨의 표정을 보니 더더욱 말이 나오지 않았다.

"일식 씨가 첫사랑이라서 얘기 못했어요. 너무 궁금해하셨음에도 불구하고 벌써 들키기엔 너무 이르다고 생각했고, 진욱이도 있어서 입이 떨어지질 않았어요. 그런데 결국 우리 둘이 있을 때 얘기하게 됐네요."

"저는 진욱이한테 관심 있는 줄 알고 얼마나 걱정했는지 알아요?"

미소가 예쁜 일식 씨가 해맑게 웃었다. 나는 그 표정을 보고 마음이 사르르 녹아내리는 것만 같았다.

"시월 씨, 우리 사귀어요."

나는 너무 심장이 빨리 뛰어서 말이 안 나와, 심호흡을 하고 말했다.

"좋아요."

그렇게 우리는 연인 사이가 되었다. 첫사랑은 안 이뤄진다는 진욱이의 말, 내가 그 고정관념을 깬 거 같다. 이후에 우리는 택시를 잡고 무사히 집으로 향했다. 나는 꿈이라도 꾼 듯했다. 정말 믿기지 않았다.

20XX. 10. 8. 금

나는 들뜬 마음으로 출근했다. 4시간 동안 일식 씨를 연인으로서 바라볼 수 있다는 게 말로 감히 형용할 수 없을 정도로 행복했다.
"띠링."
카페 문이 열렸고 가게에는 일식 씨가 있었다.
"저 왔어요."
"왔어요? 앞치마 여기요."
"네. 고마워요."
우리는 서로를 보며 작게 웃었다. 좋아하는 사람과 함께 있는다는 게 얼마나 행복한 일인지 선명히 느낄 수 있었다.
나는 앞치마를 매고 일과를 시작했다. 바닥을 닦은 뒤, 손님을 맞이하고, 걸레를 빨았다. 그렇게 분주하게 일하다 보니 사람이 없는 시간이 찾아왔다. 우리는 휴게실에서 서로를 다정하게 바라보며 소소한 대화를 나눴다.
"일식 씨, 이제 그냥 편하게 불러도 돼요?"
"그래, 이저 서로 말 놓자. 그런데 우리끼리 있을 때는 편하게 말해도 사장님 계시거나 할 때에는 예의를 갖추기 위해서라도 존댓말 쓰는 걸로 하자."

"응, 그래."

내가 웃는 모습을 지켜보던 유일식이 내게 말했다.

"너는 웃는 게 정말 예쁜 거 같아."

거기에 맞장구쳐 나도 그동안 말하지 못했던 진심을 고백했다.

"나도 항상 네가 웃는 게 예쁘다고 느꼈어."

"정말? 나는 입꼬리가 안 예뻐서 콤플렉슨데."

"아니야. 너 웃는 거 예뻐. 진심으로."

일식이는 내 머리를 쓰다듬었다. 나는 기분이 좋아 눈을 감고 일식이의 손 온기를 느끼고 있었다.

"띠링."

괘씸한 종소리는 우리들의 시간을 방해했다.

"아 손님 오셨나 보다."

"응. 이제 나가자."

우리는 손님을 맞이하며 열심히 일했다. 유일식이 나의 애인이 되고 나서 잘하는 모습만 보여 주고 싶어 평소에 비해 더 열심히 일했다.

일이 모두 끝나고 퇴근하는 시간이었다. 평소엔 무뚝뚝해 보여도 연애할 때만큼은 애교가 가득한 유일식은 내 손을 꼭 잡고 집으로 데려다줄 때까지 놓지 않고 있었다.

"집 데려다줘서 고마워. 잘 가."

"응. 조심히 들어가."

나는 두근거리는 마음을 주체할 수 없어 쿵쾅쿵쾅 뛰는 심장을 부여잡고 집으로 들어갔다. 내 입꼬리는 내려갈 생각이 없어 보였다.

"띠리링-."

유일식으로부터의 연락이었다.

- 집 잘 들어갔어?

나는 바로 회신했다.

응. 잘 들어갔지. 너는 지금 가는 중? -
- 응 집 가고 있어.
- 집이 가까워서 다행이다.

그러게. -

침대에 엎드려 시간 가는 줄도 모르고 문자를 했다. 그러다 우리는 자연스레 전화로 대화를 이어갔고, 나는 나의 밤을 너로 가득 채웠다.

20XX. 10. 9. 토

평화로운 주말이었다. 나는 과제를 하기 위해 독서실에 갔다. 독서실 20번 자리에 앉았는데, 옆자리 21번 자리에 이진욱이 앉아있었다. 우리는 서로를 알아보고 눈이 동시에 커졌다.

"누나!"

너무 크게 말해서 주변 사람들이 다 쳐다보았다. 나는 속삭이며 말했다.

"작게 말해."

"아. 누나, 안녕하세요."

"응. 여기서 만나네?"

"누나 우리 운명이라니까요?"

진욱이는 웃으며 우리가 운명이라는 얘기를 끊임없이 하였다.

"근데 진욱아, 나 할말 있어."

"네?"

"나 일식이랑 사귀기로 했어."

"네… 네?"

"많이 당황스럽지…. 네가 나 좋아한다고 말했을 때 나도 곤란했어. 내 첫사랑이 유일식이야. 중학교 때 친하게 지냈다가 나중에 시간이 지나고 이제서야 만나게 된 거거든. 네가 나 좋아해 주는 거 너무 고마운데, 나는 너를 마음에 둔적 없어. 그냥 친한 후배라고밖에 생각 안 해. 이런 얘기 전해 정말 미안. 나도 나름 용기 낸 거야."

 진욱이는 한동안 바닥을 내려다보며 말이 없었다. 진욱이의 눈은 공허할 뿐이었다.

 "진욱아?"

 "아, 네. 왜 미안해 해요. 저는 괜찮아요."

 진욱이의 입은 웃고 있었지만 눈은 울고 있었다.

 "좋아했어요, 누나. 그리고 저도 어느 정도 알고 있었어요. 전에도 제가 물어봤었잖아요. 선배님 좋아하냐고. 부정했었으면서 역시나 맞았네요."

 "거짓말해서 미안해."

 "아니에요. 얘기하기 싫었으면 거짓말할 수밖게 없죠."

 나는 침묵을 유지했다. 이 상황에서 내가 할 수 있는 말은 미안하다는 말뿐이었으니. 죄책감에 나도 고개를 푹 숙였다. 진욱이는 내 앞에 몇 분 정도 말없이 서 있다가 독서실에 들어가더니 짐을 챙긴 후 밖으로 나갔다. 나는 진욱이가 없는 빈자리를 묵묵히 바라보다가 독서실로 들어가 내 할 일을 했다. 휘몰아치는 감정의 바람으로 인해 타인의 감정을 무너뜨린 대역 죄인이 된 듯하였다.

20XX. 10. 11. 월

 충격적인 소식을 들었다. 그 소식은 바로 우리 카페의 알바생으로 진욱이가 고용되었다는 말이었다. 이번 알바 면접 담당은 사장님이었다. 사장님의 개인 사유로 면접 발표가 지연되어서 유일식도 오늘 출근하고서야 알았다고 한다. 카페에 가니 진욱이는 앞치마를 매고 쭈뼛쭈뼛 서 있었다. 진욱이는 머쓱한 채로 중얼거렸다.
 "서프라이즈였는데…."
 "진욱아 안녕."
 "네, 누나 안녕하세요."
 "축하해. 알바 지원한지 몰랐네."
 "네. 누나랑 같은 타임으로 지원했어요."
 "그렇구나. 앞으로 잘해보자."
 "네, 누나."
 나는 평소랑 다르게 힘없는 진욱이를 보자 가슴 한편이 시려왔다. 분명 나는 잘못한 게 없지만 태도가 확 달라진 진욱이를 보자 적응이 되지 않았다. 무거운 감정이 나를 바닥으로 이끌었다. 일식이는 진욱이를 끌고 일에 관한 오리엔테이션을 진행했다. 내 애인이라는 이름을 달고 있는 유일식과 나를 짝사랑하고 있겠다는 진욱이의 사이도 어색해져서 오리엔테이션은 멀리서 봐도 무척이나 불편하고 답답했다.

'내가 이 모든 일을 자초한 거 같아. 진욱이가 상처받았으면 어떡하지? 거짓말을 한 것도 다 내 잘못이야.'

나는 속으로 자책했다.

"커피는 이 기계 사용해서 이 버튼 누르면 되고요, 진동벨 울리려면 이 버튼 누르면 돼요."

"네."

차가워진 진욱이를 보니 적응이 되지 않았다. 항상 해맑게 웃던 진욱이가 그리울 뿐이었다. 나는 이 일을 책임지고 꼭 해결하기로 마음먹었다.

오리엔테이션이 다 끝난 거 같아 나는 진욱이를 붙잡았다.

"진욱아."

"네?"

"나랑 얘기 좀 하자."

"네."

나는 진욱이를 휴게실로 불렀고 일식이에겐 둘이 얘기 좀 하겠다고, 들어오지 말라고 하였다.

"이번 일을 통해 네가 상처받았을까 봐 걱정되네. 너는 내가 매우 아끼는 후배고, 마음처럼 되지 않겠지만 너에게 상처 주고 싶지 않았다는 내 마음을 이해해 줬으면 해. 유일식을 좋아하냐고 물었을 때 조금 더 솔직했더라면 네가 마음 정리하기도 편했을 텐데…. 나는 당장이라도 우울해 할 네가 걱정된다는 경솔함으로, 선의라고 착각한 거짓말을 한 거 같아. 나쁜 의도도 없었다는 거 알아줬으면 해."

사람은 사랑을 잊지 못한다

"네. 누나."

"너 너무 차가워졌어."

"저 원래 이랬어요."

"아니야. 내가 알던 너랑 달라."

"무슨 말이에요. 누나 그만해요."

진욱이의 눈에는 눈물이 고여 있었다.

'여기서 멈춰야 되는 거겠지.'

"아…. 응."

나는 곧바로 말을 멈췄다.

"우리 선배, 후배 사이로 다시 잘 지내자."

진욱이는 눈물을 닦고 떨리는 목소리로 말했다.

"네."

나는 진욱이를 보며 웃었다. 진욱이도 나를 보며 해맑게 웃어 주었다. 그러나 진심이 담긴 웃음이라고 생각되진 않았다.

영원이라는 거짓말

20XX. 10. 12. 화

 오늘은 미루고 미뤘던 야경을 보러 가기로 한 날이다. 나는 진욱이와 함께 일을 하고 퇴근을 하자마자 일식이를 찾아갔다.
 "일 끝났다!"
 나는 기지개를 한 번 시원하게 켰다. 일식이와 함께 야경을 본다는 생각에 기분이 좋아 한껏 들떠 있었다. 물론 들뜬 건 일식이도 마찬가지였다. 나는 웃음을 감출 생각이 없는 일식이가 귀엽다는 듯이 말했다.
 "그렇게 좋아?"
 "응. 너무 좋아."
 "왜 그렇게 좋은데?"
 "좋아하는 사람이랑 좋아하는 거 할 수 있어서."
 나라도 좋을 거 같긴 하다. 내가 좋아하는 취미생활을 하는데 좋아하는 사람이 곁에 있어 준다면 그 누구보다도 행복할 거 같다. 기분 좋은 일식이를 보고 나는 말했다.
 "기분 좋아 보여서 다행이네."
 "어떻게 안 좋아. 너랑 같이 있는데."

"말도 아주 예쁘게 해요."

키가 닿지 않아서 네가 손을 뻗고 아등바등거리자 일식이가 머리를 쓰다듬어 달라며 그개를 숙였다. 나는 일식이의 차를 타고 야경을 볼 공원으로 향했다.

도착하자마자 내 입은 떡 벌어졌다. 너무 예쁘고 화려했기 때문이다.

"어때, 단족할 만큼 예뻐?"

"응, 정말 예쁘다."

"이 맛이 야경 보는 오지."

나는 일식이의 말루가 너무 귀엽고 웃겨서 킥킥 웃었다.

"왜 웃어?"

"너 너무 귀여워서."

일식이의 눈이 후둥그레졌다. 그리곤 루덜대는 말루로 말했다.

"사람 자꾸 설레지 하네."

"설레?"

"응."

"그럼 노린 대로네."

나는 배시시 웃었다.

우리는 공원을 하염없이 걸으며 이런저런 얘기를 나눴다. 일식이가 말하기를, 직장 동료 사이였을 때 말이 없었던 이유는 본인이 말실수할까 봐 침묵을 유지했다고 하였다. 나는 나에게 조심스럽게 행동하는 일식이의 행동에 고마움을 느꼈다. 내 생각을 읽기라도 한 건지 일식이가 갑자기 말했다.

"고마워."

"뭐가?"

"내 곁으로 와줘서."

"나도 고마워."

"너는 뭐가?"

"네 곁에 오게 해 줘서."

나는 눈동자를 위로 올려서 일식이를 보았다. 귀가 새빨개진 게 너무 귀여웠다. 팔을 벌려 안아달라고 표현했다. 일식이의 품에 안긴 채로 눈을 지그시 감았더니 심장소리를 들을 수 있었다. 심장은 정말 빠르게 뛰었다. 나는 장난기가 발동했다.

"부끄러워?"

"응. 조금."

"왜?"

"사람 지나갈 거 같아서."

"사람 아무도 없는데?"

"그래도 지나가면 어쩌려고."

"사람 지나가면 안 안아줄 거야?"

"그건 안 되지."

일식이는 나를 더 꼬옥 안았다. 눈을 뜨자 진욱이가 보였다. 나는 바로 품에서 벗어났다.

"왜 그래?"

일식이도 뒤를 돌아보고는 눈치챘다. 진욱이는 한숨을 쉬었다. 그리곤 풀린 눈으로 입을 열었다.

"아, 누나 안녕하세요."

20XX. 10. 13. 수

매일 기다려지던 출근이 너무 무서워졌다. 진욱이가 나에게 다시 쌀쌀맞게 대하진 않을까 걱정이 되었다. 나는 그 두려움을 무릅쓰고 집 현관문을 힘차게 열었다.

카페어 들어가자마자 진욱이부터 찾았다. 아무리 찾아봐도 보이지 않았다. 그때 내 어깨를 누가 톡톡 쳤다.

"누나!"

"오늘 안 온 줄 알았잖아."

"누나 봐야 하는데 어떻게 안 와요."

나는 안심이 되었다. 진욱이는 평소처럼 나를 대했다. 그렇지만 뭔가 눈빛에서 보였다. 매우 힘들고 지친 듯한 눈빛이었다. 그러나 입꼬리는 애써 올라가 있었다. 어제 일에 관해 어떻게 말을 꺼내야 할지 몰라 혼란스러웠다. 나는 별다른 말을 덧붙이지 않고 진욱이를 평소처럼 대했다. 조금 뻔뻔해 보일지 몰라도 내게는 이게 최선이었다.

퇴근 시간이 다가왔다. 일식이, 진욱이와 함께 카페 문을 잠갔다. 진욱이의 눈빛은 매우 공허하였다. 나는 진욱이에게 조금이라도 힘이 되기 위해 편의점에서 먹고 싶은 걸 사주기로 다짐했다.

"진욱아 편의점 가서 뭐 먹을까?"

"아니에요. 저는 괜찮으니까 선배님이랑 어서 데이트하러 가세요."

"아⋯. 응."

변해 버린 진욱이의 모습이 여전히 적응되지 않았다. 편의점에서 맛있는 걸 사준다고 하면 해맑은 표정으로 졸졸 따라오던 진욱이가 아니라서 어색했다. 나는 더이상 할 수 있는 말이 없었다. 눈치를 보며 일식이와 함께 집으로 향했다. 뒤를 돌아보니 진욱이의 쓸쓸한 뒤태만 보였다.

일식이를 집에 데려다주고 나의 집으로 향하는 길이었다. 집 앞에는 진욱이가 벽에 기대어 서 있었다. 당황한 나는 진욱이에게로 달려가 물었다.

"진욱아 여기서 뭐 해?"

"누나."

목소리만 들었는데도 진욱이의 무거운 감정이 확 느껴졌다. 진욱이는 고개를 푹 숙이고 있다가 천천히 고개를 들어 나를 쳐다봤다. 그리고 말했다.

"왜 저에게는 기회가 없어요?"

고개를 드니 술냄새가 확 풍겨왔다.

"너 술 마셨어?"

"아, 네."

술을 마신 사람치고는 너무나 차분하고 진지한 태도였다.

"여기서 뭐 하는 거야, 얼른 집 가자. 데려다줄게."

"아니, 누나."

"왜 자꾸 불러?"

"저는 시작한 지 꽤 됐는데도 왜 기회가 없냐고요."

"진욱아 진정하고, 많이 취한 거 같아. 이리 와 집 가자."

나는 진욱이의 팔을 잡았고 진욱이는 그 손을 세게 뿌리쳤다. 그러고는 진욱이가 내 팔을 양손으로 잡았다.

"제가 먼저 좋아한다고 했잖아요."

거친 진욱이의 행동에 나는 아무 말도 하지 못했다. 진욱이가 팔을 무지 세게 잡고 있어서 뿌리칠 수도 없었다. 이번엔 진욱이가 내 어깨에 얼굴을 파묻었다.

"왜 저는 기회도 없고, 절망만 안겨 줘요? 너두 불공평한 거 아닌가요? 애초에 출발선이 다르잖아요, 출발선이."

"진욱아 진정하고 이 손 떼 줘. 너무 아파."

"아⋯. 네."

팔이 아프다는 소리에 진욱이는 바로 손을 떼 줬다. 진욱이는 정신이 조금 깬 건지 이내 사과했다.

"아⋯. 누나 미안해요."

"아프다⋯. 정신 좀 차렸어?"

"네. 순간적으로 감정이 솟구쳤나 봐요. 정말 죄송해요. 맨날 민폐만 끼치네요⋯.'

그때, 익숙한 목소리가 들려왔다.

"이게 무슨 일이야?"

놀랄 수밖에 없었다. 일식이가 우리 둘을 지켜보고 있었다. 나는 해명하기 시작했다.

"아니 그게."

"설명 안 허도 돼. 처음부터 끝까지 다 봤으니까."

나는 동공이 과하게 흔들렸다. 이 상황이 이해되지 않았다. 알려고 하기에도 무슨 일이 일어날지 몰라 두려웠다.

"연락 안 보길래 뭔가 이상해서 달려왔더니…. 이진욱, 관심 없다잖아. 왜 이렇게 찝쩍대? 남자친구도 있는 사람한테."

"좋아하는 건 제 마음이죠."

"적반하장으로 나오네?"

일식이는 이진욱을 비웃으며 어이없다는 듯 콧방귀를 뀌었다.

"봐줬더니 기어오르네?"

진욱이가 이 상황을 더 자극했다. 진욱이의 동공에는 어떠한 광채도 없었다. 어두운 암흑뿐이었다.

"때리시게요?"

"폭력으로 해결하려는 편은 아니라서."

"때리세요, 그냥."

일이 커질 거 같은 위기를 느꼈다.

"둘 다 진정하고 그만해."

"내가 해결할게."

"해결은 무슨 해결이야. 이러다가 상황만 더 고조돼."

"아니 그럼 남자친구 입장으로서 가만히 있어?"

"제발 그냥 넘겨줘."

일식이 깊게 한숨을 쉬었다. 그리고 내 어깨를 감싸며 함께 집으로 들어갔다. 진욱이가 나를 불렀다.

"누나."

일식은 매몰차게 말하였다.

"시월아 무시해."

나는 어쩔 줄 몰라 하며 뒤를 슬쩍 돌아봤다. 진욱이는 나를 아련

하게 바라보고 있었다. 그러나 나는 일식이의 손에 끌려서 집으로 들어갔다.
 '내일 어떡하지.'

20XX. 10. 14. 목

　대망의 출근일. 나는 집을 싸면서 계속 생각했다. 유일식과 이진욱이 나를 대하는 태도나, 둘이 서로에게 대하는 태도는 어떨까? 어제 일을 내가 말리는 바람에 제대로 해결하지 못했는데, 오늘 같이 일을 하면서 얼마나 어색할까? 나는 걱정과 불안함을 안고 함께 카페로 향했다.
　카페에는 앞치마를 두르고 일을 하는 두 남자, 유일식과 이진욱이 있었다. 둘은 대화도 안 하고 각자의 업무에 집중하고 있었다.
　"저 왔어요."
　일을 하고 있던 둘은 뒤를 돌아봤다. 나는 어색한 웃음을 지었다. 일식이가 내게 다가와 말했다.
　"왔어? 앞치마 여기."
　"응. 고마워."
　진욱이는 우리 둘을 바라보다가 고개를 돌렸다.
　손님이 별로 없는 시간대가 다가왔다. 우리 둘, 나와 유일식은 휴게실로 향했다. 휴게실에서 이런저런 얘기를 나누는데 이진욱이 휴

거실을 들어왔다.

"시월아, 나가자."

나를 끌고 밖으로 나가며 진욱이를 피하려는 유일식을 보며 고개를 저었다. 그때 진욱이가 우리 둘을 불러 세웠다.

"저기요."

일식이는 내 손목을 잡고는 말했다.

"나눌 대화 없어요."

"제 얘기도 좀 들어주세요."

나는 진욱이와의 대화도 필요하다고 생각했다. 결국 진욱이의 말을 들어보기로 결심했고, 일식이를 바라보며 설득했다.

"우리 한번 들어보자. 계속 이러고 지낼 순 없잖아. 안 그래?"

일식이는 조금 고민하더니, 다시 자리에 앉았다. 진욱이는 생각을 좀 하더니, 심호흡을 하고 입을 열었다.

"어제 일로 인해 서로 서먹해진 거 같아, 풀고 싶은 마음에 두 분 다 불러서 말씀드리는 거예요. 어제 술에 취해 감정적이게 굴다가 피해를 끼쳤던 부분은 정말 죄송해요. 다시는 똑같은 실수를 하지 않을게요. 그리고 어쩌다 그 장면을 일식 선배가 목격하셨는데. 본인 여자친구를 건드리고, 또 집착하는 사람으로 보였을 거 뻔히 알아요. 그렇지만 그저 술에 취했던 저일 뿐이지, 원래 모습은 그런 사람이 아니라는 것 알아줬으면 좋겠어요. 마지막으로 진심으로 사과드려요. 이런 불화 없도록 더더욱 유의하겠습니다. 시월 누나, 일식 선배 두 분 모두에게 죄송해요."

우리는 진욱의 긴 사과를 듣고 생각에 잠겼다. 나는 생각을 모두 마치고 진욱이에게 말했다.

"순간적으로 감정에 져서 그렇게 행동했던 거 충분히 이해해. 그렇지만 다시는 똑같은 실수 안 했으면 좋겠어."

"네. 꼭 약속할게요."

일식이도 덧붙여 말했다.

"나도 남자친구 입장으로서 그 상황을 봤을 때 매우 충격적이었어. 다시는 똑같은 일 반복 안 했으면 좋겠다."

"네. 반복하지 않을게요."

우리는 모두 서로를 바라보며 가볍게 웃었다. 가끔은 불화를 해결한 후에 이렇게 가볍게 웃는 것도 나쁘지 않은 거 같다. 서로의 날카로운 감정이 조금은 부드러워졌을까?

'해결해서 다행이다.'

요동치던 마음이 가라앉고 안심되었다.

## 20XX. 10. 15. 금

 내일이면 주말이 다가온다. 나는 내일을 고대하며 즐거운 마음으로 출근을 했다. 오늘 조금 특별한 점이 있다면 최근 복잡한 일들로 인해 잊고 있었던 목도리를 챙겼다는 것이다.
 "안녕ㅎ-세요."
 카페에 들어가자마자 일식이가 보였다.
 "일식아, 좋은 오후야."
 "좋은 오후야. 손에 들고 있는 목도리는 뭐야?"
 "아, 이거 카페 면접 가기 전, 예전에 주웠던 건데 오늘 경찰서에 맡기려고."
 "정말? 근데 그 목도리, 왜 익숙하지?"
 "응? 혹시나 해서 하는 말인데, 네 거야?"
 "혹시 그 목도리에 금잔화 새겨져 있어?"
 "응."
 "그럼 그거 내 거네. 잃어버렸었는데, 어쩌다가 바닥에 떨어져 있는 걸 하필 네가 주웠대?"
 "몰라, 인연인가 보지."

우리는 서로 마주 보고 웃었다.

카페에 사람이 없는 시간. 적막한 이 분위기를 타면서 나는 휴게실에 얌전히 앉아 있었다. 그때, 유일식이 문을 열고 휴게실로 들어왔다.

"목도리 찾아줘서 고마워."

"의도치 않게 내가 주운 건데 뭐. 근데 목도리에 금잔화는 왜 새겨져 있는 거야?"

"이 금잔화 돌아가신 할머니가 새겨 주신 거거든. 그래서인지 매우 소중하게 다뤘었는데, 어느 날 잃어버려서. 얼마나 속상했는지 몰라."

"찾아서 다행이야."

"네가 찾아준 건데, 사례라도 해야 되나?"

"사례해 줄 거면 오늘 밥 네가 사줘."

"그래. 그러자."

나는 밥을 얻어먹을 생각에 신이 났다. 진욱이가 문을 쾅 열고 들어왔다.

"깜짝이야. 왜 이렇게 요란하게 들어와."

"미안해요 누나. 너무 지쳐서 힘 조절이 안 되네요."

"괜찮아. 너도 여기 앉을래? 손님도 별로 없는데 와서 쉬어."

"네, 그럼."

진욱이가 내 옆에 앉았다. 우리는 쓸모없는 대화를 나누며 별것도 아닌 거에 하하 호호 웃었다. 나는 이 평화로운 순간을 무척이나 사랑한다.

"근데 누나랑 선배님 이름 되게 특이하네요? 저는 무척 평범한데. 둘의 이름에 뜻이 있나요?"

내가 먼저 말을 꺼냈다.

"나는 직설적으로 번역해 보자면, '한 해 열두 달 가운데 열째 달.'이야. 부모님이 말하기로는 달처럼 밝게 살라는 의미로 그렇게 지으셨대."

진욱이가 이해한 듯한 끄덕끄덕 거렸다.

"그럼 선배님은요?"

"나는 직설적으로 번역하면 '태양을 잠식한다는 뜻.'이고, 부모님은 달처럼 모두를 비춰주는 사람을 만나길 바라셨대. 나 자신을 소중히 다루면서도 남에게 아낌없이 빛을 베푸는 달 같은 사람. 그래서 시월이를 만난 건가? 이름 매치만 해도 시월이랑 나랑 찰떡이네."

진욱이는 인상을 지푸리고 일식이를 째려보다가 다시 나를 보며 말했다.

"두 분 다 이름도 그렇고 이름 뜻도 예쁘네요. 저도 더 의미 있는 거였으면 좋았을 텐데."

나는 고개를 저으며 말했다.

"아니야. 너 이름도 충분히 예쁜 걸."

진욱이는 웃으며 말했다.

"고마워요."

퇴근 시간이 되었다. 나는 일식이와 손을 잡고 나란히 걸었다. 우리는 서로의 눈동자를 보며 사랑을 속삭였다. 대화가 끊기고 침묵을 유지하다 앞만 보고 걷던 중 나는 장난이 치고 싶어졌다.

"유일식."

"응?"

"사랑해."

둘 다 오글거리는 건 못했던지라 함께한 지 시간이 꽤 지났음에도 사랑한다는 말이 늦게 트였다.

"나도."

나긋한 목소리로 "나도."라고 대답하니 나는 웃음이 멈추질 않았다.

"항상 고마워."

"나도 항상 고마워."

"얼마큼?"

"셀 수 없을 만큼."

여자친구에게 아주 적합한 모범답안이었다. 또 아무 말 없이 앞을 보고 걷다가 일식이가 먼저 질문했다.

"너는 꿈이 뭐야?"

"사랑하는 배우자와 내가 좋아하는 일 하면서 하루하루를 보내는 거?"

"그렇구나. 매우 낭만적인 꿈이네."

"너는?"

"나도 너랑 똑같아. 사랑하는 배우자와 내가 좋아하는 일 하면서 사는 거. 그런데 굳이 하나 더 추가하자면 그 배우자가 너였으면 좋겠다."

"뭐야 완전 스윗한데? 그렇게 예쁜 말은 어디서 배워왔대?"

"예쁜 사람한테는 예쁜 말만 나오는 법이야."

"뭐래."

나는 킥킥 웃었다.

"저녁은 네가 사는 거지?"

일식이는 장난스러운 말투로 말했다.

"내가 언제?"

"뭐? 네가 사기로 했잖아."

"내가 언제 그랬더라?"

"어이없다 정말."

너무 어이가 없어서 헛웃음이 나왔다. 우리는 가게 안으로 들어갔다.

사랑이 해 준 선물, 이별

20XX. 10. 18. 월

"띠링-'

나는 카페 문을 열고 들어갔다. 주말에 피로 회복을 위해 병원에도 갔다 오고 푹 쉰 덕인지, 월요일이었음에도 불구하고 전혀 지치지 않았다. 아니, 어쩌면 일식이를 볼 생각에 힘이 나는 걸지도 모르겠다. 카페에 들어가자 진욱이가 보였고 나는 진욱이에게 인사를 건넸다.

"진욱아 좋은 오후야."

"누나 좋은 오후에요."

오늘따라 왜인지 모르게 기운도 나고 기분도 밝았다. 무언가 좋은 일이 일어날 것만 같았다.

"띠릉-."

손님이 왔다. 손님은 왜인지 모르게 익숙한 사람이었다. 그들은 나의 엄마, 아빠였다.

"엄마, 아빠가 왜 여기에?"

아빠는 허허허 웃다가 말씀하셨다.

"딸 열심히 알바한다니까 보러 왔지."

"이렇게 연락도 없이 온다고?"

그때, 두 명의 발자국 소리가 들려왔다. 나는 이마를 탁 쳤다.

"시월아 무슨 일 있어?"

"누나 무슨 일 있어요?"

그 둘은 역시나 일식이와 진욱이었다.

"안녕하세요, 시월이 부모님."

진욱이도 따라 인사했다.

"안녕하세요."

엄마가 그 둘에게 한마디 했다.

"응. 병원에서 봤던 잘생긴 친구들이 카페에서 같이 일하는 직장 동료였구나. 병원에서는 일찍 돌아가는 바람에 통성명도 안 하고 갔지 뭐니? 반가워 다들."

아빠도 한마디 덧붙이셨다.

"둘 다 키도 크고 잘생겼네. 우리 시월이 좀 책임지고 잘 챙겨줘. 많이 덤벙대는 아이야."

"아빠!"

"왜 맞잖아."

아빠가 또 허탕하게 웃으셨다.

"제가 남자친구로서 항상 지켜보고 책임지려 하고 있어요."

아차, 부모님께 남자친구가 생겼다는 이야기를 안 했다는 걸 일식이에게 말하는 것을 잊고 있었다. 나는 빠르게 일식이의 입을 막아보려 했지만 말은 이미 내뱉은 후였다. 엄마는 알 수 없는 표정을 지으며 내게 물었다.

"시월이에게 남자친구가 있어?"

아빠는 웃음을 멈추고 놀란 표정으로 물었다.

"이 친구가 시월이 남자친구야?"

당장 쥐구멍이라도 들어가고 싶었다. 나는 마지못해 고개를 끄덕거렸다. 그리고 말했다.

"아빠가 방금 남자친구냐고 물었던 사람 이름은 '유일식'이고, 그 옆에 서 있던 직장동료는 '이진욱'이에요. 기억 나실지 모르겠지만 일식이는 중학교 동창, 진욱이는 고등학교 후배예요."

엄마, 아빠는 둘을 번갈아보면서 이해하셨다. 엄마가 질문했다.

"진욱이라는 친구는 여자친구 있어?"

진욱이가 참하게 대답했다.

"저는 시월 누나 좋아해서 여자친구는 현재 없습니다. 그러나 생기게 된다면 시월 누나였으면 좋겠네요."

유일식이 이진욱을 쳐다보며 표정을 찡그렸다. 눈이 맞은 둘은 또 유치한 기싸움을 시작했다.

"남자친구는 유일식이고, 시월이를 짝사랑하는 애는 이진욱인 거야?"

"네, 맞아요."

난 내 입으로 진욱이가 나를 좋아한다고 대답하는 게 너무 버거웠다. 엄마는 내 어깨를 툭 치며 말했다.

"우리 시월이 엄마 닮아서 인기 많네."

"하하하."

나는 어색하게 웃음을 지었다. 엄마, 아빠는 궁금한 것도 많고 신이 난 바람에 둘을 앉히고 마구 수다를 떨었다.

"띠링- 띠링-."

"엄마, 아빠. 슬슬 손님 오셔요. 이제 일해야 돼요."

"알았다. 우리 가 볼게."

사랑이 해 준 선물, 이별　　111

그렇게 드디어 부모님을 보내고 나는 부모님으로부터 희생당한 둘에게 다가갔다.

"얘기 들어주느라 수고했어."

"아니야. 덕분에 우리도 즐거웠어."

"맞아."

즐거웠다기엔 매우 지친 눈을 가진 둘이었다.

## 20XX. 10. 19. 화

 이상한 꿈을 꿨다. 꿈에서 나는 한 달 전에 꿨던 꿈처럼 하얀 옷을 입고, 굽이 없는 흰 구두를 한 짝만 신고 있었다. 나는 또 그 낡은 나무배에 올라타 있었고, 그 배의 구멍은 저번보다 더 많이 생겨서 물이 훨씬 빠르게 차올랐다. 당장이라도 물에 잠겨서 옷이 젖을 것만 같았다. 저번 꿈과 다른 점이 있다면, 이번엔 배에 나 혼자 타고 있었다. 그래서 내가 노를 저어야만 했다. 나는 왜인지 모를 의무감이 들어 노를 저었고, 저번과 똑같은 곳에 도착했다. 배에서 내려 나는 땅을 밟았고 주위를 둘러보려고 했을 때 잠에서 깨어 버렸다.
 '또 그 꿈이네… 무슨 의미인진 모르겠지만 그냥 카페 갈 준비나 해야겠다.'
 카페 알바를 가기 위해 집을 쌌다. 꿈이 긴 만큼 늦게 일어난 탓에 나는 어쩔 수 없이 택시를 잡고 카페로 향했다.
 "저 왔어요."
 "왔어요?"
 "응. 일식이는?"
 "야 오늘 일이 있어서 못 나온대요. 시월 누나가 연락 안 봐서 전해달라고 했는데, 밤 12시까지 집 앞에서 만나자고 전해달래요. 저도 따라간다니까 절대 안 된다고 신신당부하더라고요. 둘이서만 맛있는 거 먹으려고!"

"그렇구나. 전해 줘서 고마워."

나는 카운터로 향했다. 카운터에서 커피를 만들던 도중 진욱이가 방해했다.

"누나 손님 별로 없는 거 같은데 저랑 놀면 안 돼요?"

"안 돼."

"왜요? 손님 지금 3명밖에 없는데."

"그래도 설거지해야 돼서 바빠. 이따 바닥도 닦아야 하는 걸."

"제가 바닥 닦아놓을게요. 저 할일 다했어요."

"그래주면 고맙고."

진욱이는 열심히 바닥을 닦기 시작했다. 설거지를 끝내고 진욱이와 나는 휴게실에서 이런저런 얘기를 나눴다. 진욱이와 소소한 담소를 나누는 건 내 마음의 평화를 갖다 줬다. 진욱이와 대화가 잠시 끊였다. 그러나 진욱이가 먼저 입을 열어 침묵을 막았다.

"누나 짝사랑이 뭐예요?"

생각보다 진지한 진욱이의 질문이 매우 당황스러웠다. 항상 쓸데없고 재밌는 얘기만 추구하곤 했는데 이렇게 철학적인 얘기를 꺼내는 건 처음 봤기 때문이다. 나는 곰곰이 생각했다. 진욱이에게 모범적인 답안을 해 주고 싶었기 때문이다.

"짝사랑은…."

진욱이는 뭔가 대단한 대답이라도 기다리는 듯 눈을 초롱초롱하게 떴다. 나는 마침내 입을 열었다.

"아름다운 자해야."

"네?"

"아름다운 자해."

"무슨 말기에요? 사랑은 아름답기만 한 거 아닌가요?"

"아니, 사랑이 아름다운 건 사실이지만 짝사랑은 결국 자해야. 본인이 스스로를 해쳐야 함을 알고 있음에도 불구하고 선택적으로, 혹은 본능적으로 하는 거거든. 짝사랑이 아니라 그냥 사랑을 정의해 보라 하면 나는 이별이라는 결말을 가진, 제목이 추억인 한 편의 책이라고 설명하고 싶어."

"생각이 엄청 깊은 거 같아요."

나는 진욱이에게 마음에 드는 대답을 해 준 거 같아 뿌듯해졌다.

"너는 짝사랑이 뭐라고 생각하는데?"

"맛있는 거, 좋은 거 할 때마다 생각나는 사람이 짝사랑 대상이라고 생각해요."

"그것도 맞는 말 같네. 그럼 사랑은?"

"짝사랑이랑 비슷해요. 맛있는 거 좋은 거 할 때마다 나를 떠올려주는 사람이 애인이자, 배우자겠죠?"

"너도 생각보다 철학적이구나."

"저가 좀 그래요."

"멋있다."

"감사해요. 그나도요."

"띠링- 띠링-"

벨이 연속적으로 울렸다. 나는 카운터로 나갔다.

사랑이 해 준 선물, 이별

20XX. 10. 20. 수

퇴근 후에, 나는 집 앞에서 일식이를 기다렸다.
"슬슬 와야 되는데…."
저 멀리서 차 경적이 울리는 소리가 들렸다.
"빵- 빵-."
일식이는 창문을 열고 내게 인사했다.
"나 왔어. 옆에 타."
"뭐야. 어디 가는데."
"야경 보러."
"또?"
"싫어?"
"아니. 너만 있다면 다 좋아."
나는 일식이 옆자리에 탔다. 차를 타고 가는 길에는 말소리 하나 없이 노래만 들려왔다. 어색한 분위기를 깨기 위해 내가 먼저 입을 열었다.
"오늘 진욱이랑 무슨 얘기했는지 알아? 사랑과 짝사랑에 관해서 얘기했다?"

"정말? 진욱이가 그런 얘기도 해?"

"응. 생각보다 철학적이더라."

"넌 뭐라 대답했는데."

"짝사랑은 아름다운 자해고, 사랑은 이별이라는 결말을 가진, 제목이 추억인 한 편의 책."

"너도 꽤 잘 대답했는 걸? 그럼 진욱이는 뭐라 대답했는데?"

"맛있는 거, 좋은 거 할 때마다 생각나는 사람이 짝사랑 대상이라고 생각한대."

"그럼 사랑은?"

"짝사랑이랑 비슷하대. 맛있는 거 좋은 거 할 때마다 나를 떠올려 주는 사람이 애인이자, 배우자라고 하더라."

"진욱이답네. 의외로 얘도 똑똑한 거 같아."

"의외라니. 진욱이 원래 똑똑해."

"지금 진욱이 편드는 거야?"

질투가 났는지 잠깐 신호가 걸렸을 때, 유일식은 나를 간지럽혔다. 나는 킥킥 웃으면서 하지 말라고 손을 쳐냈다. 유치한 상황이 잠잠해지고, 갑자기 의문이 생겼다. 유일식은 사랑과 짝사랑을 뭐라고 정의할까?

"너는 짝사랑이 뭐라 생각해?"

"나는 그냥… 홀로서기? 남들이 뭐라 하든 안 듣고 내가 사랑하는 사람이려니 나 혼자만 좋아하는 거잖아. 그러니까 다른 것에 매이거나 의존하지 않는다는 뜻에 홀로서기랑 잘 맞는 거 같네."

"비유 정말 좋은데? 그럼 사랑은?"

"한 밧줄에 두 명이 올라간 상황. 떨어지면 이별이고 얼마나 버티냐에 따라 떨어지는 순간도 늦게 오겠지. 그게 서로가 늙어 머리가 하얘질 때까지라도, 이별이 곧 죽음이 된다 하더라도."

"멋있는 말이네. 난 내가 한 비유가 가장 **훌륭**하다고 생각했는데 내 철학에도 부족한 점이 많은가 봐."

"아니야. 충분히 멋있었어."

"근데 운전 잘하고 있는 거 맞지? 이거 잘못하다 부딪힐 거 같은데."

"아니야, 안 부딪쳐."

안 부딪친다는 말이 끝나자마자 일식의 차는 앞에 역주행하던 의문의 차량과 부딪쳤다.

"끼익- 쾅."

.

.

.

"괜찮아요? 저기요 일어나 보세요. 아가씨! 총각!"

주변이 시끄러워 눈을 떠보니 이미 사고를 당한 상태였다. 옆을 보니 일식이가 처참한 상태로 피를 흘리고 있었다. 갑자기 한 달 전 꿈 내용이 주마등이 스쳐지나가듯 연상되며 끝내 깨달을 수 있었다.

'그렇구나. 그래서 내가 마지막으로 보는 사람이 너였던 거구나.'

내 눈은 다시 스르륵 감겼다.

.

.

.

눈을 떠보니 나는 알 수 없는 공간에 있었다. 내가 환각을 보는 걸까? 유일식이 나를 흔들며 깨우고 있었다.

"시월아! 일어나 봐!"

나는 정신을 차리지 못하고 비몽사몽한 채로 일어나 앉았다.

"이제 가야지."

"어디를?"

"넌 외줄 타기에서 떨어진 거야. 이별이 다가온 거지."

무슨 말인지 이해할 수 없었다. 그렇지만 나는 '일식이의 말이니, 사랑하는 너의 말이니.'라는 멍청한 이유로 홀린듯 일식이를 따라갔다.

유일식이 데려간 곳은 바로 두 개의 나무배가 있는 강이었다.

"조심히 올라타."

우리는 한배에 올라탔다. 유일식은 노를 젓고 있었고 나는 꿈에서처럼 하얀 옷을 입고, 굽이 없는 하얀 구두를 한 짝만 신고 있었다. 낡고 구멍이 뚫려 있는 배에 올라타, 넋이 나간 채로 무언가에 홀린 듯이 고백했다.

"나 사실 네가 꿈에 나타났었어. 그땐 인지하지 못했지만 꿈속의 네가 내 죽음을 예언했었지. 그리고 두 번째 꿈에선… 내가 밟았던 꿈속의 땅이 저승의 땅이었던 거 같다…."

대구가 없자 나도, 일식도 침묵을 유지했다. 내가 다시 입을 열었다.

"있잖아, 사람의 꿈에는 길거리에서 봤든, 나의 첫사랑이었든 인생에서 한 번쯤 본 사람만이 나온대. 우리가 만나지 않았더라면 뭔가 달라졌을까?"

우일식은 당연하다는 듯이 나에게 말했다.

"그렇지만 너는 내가 만났어야 하는 삶게서의 필연적인 존재인걸."

그는 웃으며 내 머리카락을 넘겨주었다. 손에선 좋은 향기가 났

사랑이 해 준 선물, 이별

다.

"거의 도착이야. 그곳에 가면 너는 내 달이 되어 주렴. 나는 네 해가 되어 줄게."

"그래, 좋아."

웃으며 대답했다. 유일식이 배의 노를 젓고 있을 때 잠깐 뒤를 돌아봤다. 뒤에는 다른 배가 우리를 따라오고 있었다. 거기에 탄 사람을 보고 나는 유일식의 말을 깨달았다. 서로의 해와 달이 되자는 건 결국 만날 수 없는 존재가 되자는 것이었다.

'나는 해가 진 밤에 네가 없는 세상을 비출 것이고, 너는 동쪽에서 떠, 내가 없는 세상을 비추겠지. 나는 나를 소중하게 여기지만 그럼에도 남들에게 베풀어주는 사람이 되고 싶었어. 그러나 내가 베풀어야 할 타인들 사이에 어째 네가 없구나. 결국 나는 밝게 빛나지 못할 거야. 알잖아 너도. 달은 스스로 빛을 내지 못하는 거.'

"도착했어. 나를 따라오면 돼. 그리고 이거."

일식이는 내 손에 금잔화를 쥐여주었다.

'금잔화의 꽃말은 이별의 슬픔이라지…. 그래, 수긍해야 하는 거야. 이제 나도 갈 때가 온 거야.'

나는 일식이의… 아니 저승사자의 손을 잡았다.

## 「한 달」 해석

### 1. 한시월이 꾼 꿈 해몽
뱃사공이 있는 배를 타서 강을 건너는 꿈, 신발을 잃어버리는 꿈은 각각 죽음과 이별을 예고하는 흉몽입니다.

### 2. 결말 해석
마지막 대사, "나는 일식이의… 아니 저승사자의 손을 잡았다."를 통해 배의 노를 젓는 사람이 저승사자임을 알 수 있습니다. 이 결말은 "저승사자는 죽은 사람을 쉽게 데려가기 위해 죽은 사람이 가장 사랑하는 사람의 얼굴을 하고 데려간다."라는 ㅁ 신에서 영감을 얻었습니다. 즉, 죽은 한시월을 배에 태우고 노를 젓는 사람은 한시월이 가장 사랑하는 사람인 유일식의 얼굴을 한 저승사자입니다.

죽음의 강을 건너기 전, 배가 두 개였던 이유는 또 다른 저승사자가 죽은 유일식을 데려가기 위함을 의미합니다. 그리고 뒤를 돌아본 한시월은 배를 타고 죽음의 강을 건너는 유일식을 발견하고 깨달을 수 있습니다.

'아, 뱃사공은 유일식이 아니라 저승사자구나.'

## 우리 그리고 한 해

"너는 내 어두웠던 세상을 밝게 비춰주는 한 해 같아."

법계인기

"으윽!"

9월 20일. 갑자기 두통이 미친듯이 몰려와서 잠에서 확 깼다. 나는 고통스러운 신음을 내며 눈을 질끈 감았다. 평소에 두통이 자주 몰려오곤 하는데, 오늘은 유독 심하게 몰려왔다. 그러나 다행히도 두통은 곧 멎었다. 너무 고통스러웠던 탓일까? 나는 머리를 쥐어짠 채로 숨을 헐떡였다.

'헉, 헉. 오늘따라- 왜 이리 두통이 심하지? 너무 고통스러워.'

"띠리링, 띠리링."

알람이 시끄럽게 울렸다. 이 알람은 내가 일어나야 한다는 귀찮은 사실을 알렸다.

"김은서! 일어났어?"

엄마가 나를 부르는 소리가 들려왔다.

"나가요!"

나는 나갈 준비를 하고 아침을 먹기 위해 거실로 나갔다.

학교에 도착하니 반 친구들은 한 책상을 기준으로 둘러싸고 있었다.

법계인기    125

'뭐지? 저기는 원래 비어있는 내 앞자린데?'

나도 무슨 일인지 궁금해 수많은 사람을 밀쳐내고 들여다보았더니 그 자리에는 처음 보는 남자애가 앉아 있었다. 185cm 정도 되어 보이는 키가 큰 아이였다. 아마 전학 온 모양이었다. 주변을 둘러싸던 친구들은 그 남자애에게 이것저것 질문했다.

'얘는 누구지?'

한 친구가 처음 보는 이 남자애에게 물었다.

"너는 이름이 뭐야?"

처음 보는 남자애는 낯을 가리는 듯한 모습을 보이며 우물쭈물 대답했다.

"서규민."

다른 친구가 규민이에게 말했다.

"우와, 너 목걸이 참 예쁘다."

또 다른 친구가 목걸이에 대해 언급하자 다른 친구들도 그 목걸이를 쳐다보며 칭찬했다. 규민이가 차고 있던 목걸이는 저번에 길거리 가게에서 봤었지만, 돈이 없어 사지 못했던 은색을 띈 반쪽 하트 모양 목걸이였다. 나는 새로 전학 온 규민이와 익숙한 그 목걸이에 호기심이 생겨 더 가까이 다가가려다가 군중에 밀려 앞으로 넘어지고 말았다.

"으악! 쿵."

눈을 떠보니 나는 규민이의 무릎에 철퍼덕하고 넘어진 뒤였다. 나는 너무나도 수치스럽고 당황스러워 얼굴이 붉어진 채로 규민이에게 사과도 하지 않고 벌떡 일어나 그 자리로부터 도망쳤다.

'너무 수치스러워!'

나는 너무나도 황당해서, 1교시 수업 내용이 하나도 귀에 담기질 않았다. 그저 허공을 하염없이 바라볼 뿐이었다.

'너무 민폐 아닌가? 군중에게 밀려 서규민의 무릎 위로 넘어지다니. 불편했을 거야, 분명 불편했을 거야.'

수많은 생각이 오고간 뒤, 나는 사과하기로 다짐했다.

나는 어색하게 서규민의 자리로 다가가 손가락으로 툭툭 건드렸다.

"저기…."

"응?"

"아까 친구들에게 밀려 실수로 넘어진 거야. 네가 많이 당황한 거 같아서 늦게나마 사과해."

"아니야, 괜찮아."

규민이가 손사래를 치며 괜찮다고 하였다. 그리고 서로 어색하게 웃음지었다.

나는 부담스럽지 않도록 조심스레 물었다.

"그리고, 괜찮다면 우리 친해질 수 있을까?"

"아, 나는 좋지."

나는 친해지자는 말이 거절당할까 봐 조마조마한 마음을 붙잡고 안도의 한숨을 내쉬었다.

'다행이다.'

4교시가 끝나고, 점심시간이 다가왔다. 나는 매점에 가 초콜릿 우유를 집었다.

'규민이가 좋아할까?'

나는 규민이가 좋아하길 바라며 반으로 향했다.

규민이의 자리에는 아무도 없었다. 나는 포스트잇을 꺼내 글을 끄적인 뒤, 초콜릿 우유에 붙였다.

"맛있게 먹어. -김은서"

초콜릿우유를 딱 책상에 올려놓는 데 옆에서 규민이의 인기척이 났다. 나는 후다닥 자리로 가서 어색하게 아무 일도 없는 척을 했다. 그리고 눈알을 규민이 쪽으로 굴렸다. 규민이는 초콜릿 우유를 집더니 포스트잇을 확인하고 '픔' 하고 웃었다. 규민이는 내 쪽을 쳐다봤고 나는 다시 눈알을 굴려 어색하게 창가를 바라보았다.

'마음에 들지 않나? 내 쪽을 왜 쳐다보지? 역시나 내가 준 거라서 그런 거겠지?'

속으로 오만가지 생각이 들었다. 그때, 누군가 나를 톡톡 쳤다. 고개를 돌려보니 입꼬리가 살짝 올라간 채 눈웃음 짓는 규민이가 있었다. 규민이가 말했다.

"고마워."

"별거 아니야! 그저, 그냥. 정말 미안해서 주는 것일 뿐이야. 혹시나 막 부담 갖고 그럴 필요 없어. 네가 맛있게 먹어줬으면 해."

나는 어버버거리기 시작했다. 머리에는 떠오르는 단어들이 정리되지 않았다. 바보가 된 기분이었다.

"알았어, 알았어."

규민이는 알겠다며 내게 웃어 보였다. 나도 웃는 규민이를 바라보며 생각했다.

'차가워 보였는데, 웃는 건 되게 예쁘구나.'

하교 시간이 다가오고, 나는 급하게 규민이를 찾았다. 하교 방향이 같은 척 규민이를 따라갔어야 했기 때문이다. 고개를 두리번거리며 규민이를 찾는데, 갑자기 멈칫했다. '나 왜 이리 얘를 찾아다니지?'

어쩌면 내가 규민이를 열심히 찾아다니는 것은 단순히 전학생이라는 수식어에 관한 관심뿐만이 아닐지도 모른다. 나는 스스로에 대한 합리적인 의심을 하기 시작했다.

'설마 내가 규민이를 좋아하나? 혹여나 첫눈에 반한다는 말이 이런 걸까? 네가 규민이를 첫눈에 반한 운명이라고 생각하고 있는 건가?'

내가 규민이에게 관심이 있는 걸까 하는 생각이 들었지만, 단순히 미안해서 그런 것이라고 억지를 부리다 보니, 규민이를 찾고 있었다는 현 상황을 잊고 있었다. 시간이 지체되었기에, 규민이는 이미 충분히 멀리 갔을 것이다. 나는 규민이를 찾는 걸 포기하고 내 발걸음을 옮겼다.

집에 도착해서 나는 손을 씻고 편한 옷으로 갈아입은 뒤 앞치마를 매고 평소대로 취미 생활을 즐겼다. 바로 그림을 그리는 것이다. 나는 이젤과 캔버스와 물감을 꺼내고 붓으로 그림을 쓱쓱 그리기 시작했다. 그림 실력이 뛰어난 건 아니지만 그래도 열심히 연습한 결과, 평타 이상에는 다다른 것 같다. 나는 거실에 텔레비전을 틀어놓고 드라마를 보며, 휴대전화에 띄워 둔 풍경 사진을 따라 그렸다. 붓의 힘과 물 농도를 조절하며 차분히 그려나갔다. 텔레비전 속 드라마에서는 수만 가지 로맨틱한 대사들이 나왔다. 드라마 속 여자 주인공이 말했다.

"예쁜 옷을 입었을 때 네게 보여 주고 싶고, 맛있는 걸 먹었을 때 너랑 같이 먹고 싶고, 집에서 편히 휴식을 취할 때 너랑 같이 쉬고 싶어. 언젠가부터 나 모든 의식주는 네가 되었어."

낭만적인 드라마 대사를 들으며 나는 너무나도 당연한 듯 규민이가 떠올랐다. 내가 인식하지 못한 사이에 나의 의식주 또한 규민이가 된 걸까?

나는 풍경을 그리던 캔버스 잠시 치워두고, 당장 떠오르는 색채와 이미지를 살려 그리고 싶은 걸 그리기 시작했다. 검은 머리에 고동색 눈동자에 아이보리색 교복을 입은 18세 남자아이를 그렸다. 이 특징들은 모두 규민이의 특징들과 일치했다.

'하루 종일 네 생각뿐이네.'

확실한 건 아니지만, 만약 이 감정이 사랑이라면 나는 아직 너무나도 어색하다. 누군가를 이렇게 마음속에 품어본 적이 없기 때문이다.

'너무 어색해. 이 감정이.'

나는 거실 소파에 누워 사랑에 관한 이런저런 생각을 하다가 나도 모르는 새에 스르륵 잠이 들었다.

"띠리링, 띠리링."

아침을 알리는 알람 소리가 또 들려왔다. 나는 평소와 다르게 쉽게 일어날 수 있었다. 몸이 가벼웠기 때문이다. 그리고 일어나자마자 생각했다.

'학교에 가면 또 규민이를 만나겠지?'

아침부터 서규민을 떠올리는 내가 웃기긴 하지만, 나는 생각 정도는 할 수 있다며 혼자 합리화했다. 아침밥을 든든히 먹고 학교가 있는 방향으로 향했다. 발걸음은 가벼웠지만, 오늘따라 컨디션은 좋지 않았다. 자꾸만 오락가락하는 두통이 거슬렸다.

'으윽. 오늘 체육은 쉬어야겠다.'

학교에 도착하자마자 나는 서규민을 찾았다. 그러나 나는 또 서규민에게 관심을 보인 내 모습을 인정하고 싶지 않아서, 누군가에게 눈길이 간다는 게 아직 어색해서 혼자 또 생각했다.

'시아, 그래 난 시아를 찾는 거야.'

나는 내 제일 친한 친구인 시아를 찾는 거라며 혼자 합리화했다. 내 시야에 시아가 들어왔을 때, 시아는 서규민과 얘기하고 있었다. 화목하게 대화하는 두 사람의 사이가 나는 마음에 들지 않았다.

'둘이 저렇게 친했나?'

신경 안 쓰는 척, 덤덤하고 멋진 척. 나는 내 자리에 앉아 교과서를 꺼냈다. 그러나 내 마음만큼은 매우 솔직한 편인지라 둘의 모습에 눈을 뗄 수가 없었다.

'시아는 참 친화력도 좋다. 벌써 저렇게 둘이서 얘기할 정도라니. 부럽다. 나도 저 사이에 끼고 싶다.'

이미 속으로 둘의 사이를 부러워했음에도 이제는 습관적으로 혼자 합리화했다.

'시아랑 얘기하고 싶은 거 뿐이야. 규민이가 시아와 대화하는 건 별로 거슬리지 않아.'

나는 혼자 토라져서 책상 위에 엎드려 눈을 감았다.

정신을 차리고 눈을 떠보니 이미 4교시 수업마저도 모두 끝이 나고 점심시간이었다. 나는 기지개를 피며 굳었던 몸의 근육들을 풀어주었다. 자리에서 탁 일어나자마자, 머리가 아프기 시작했다. 당장이라도 깨질듯이 달았다. 나는 급하게 가방에서 두통약을 찾았지만 결국 찾기도 전에 실신하고 말았다.

눈을 떠보니 양호실이었다. 나는 양호실 침대에 누워 있었다. 몸을 일으키니 두통이 다시 밀려 왔다. 양호실 선생님께서 내가 있는 칸으로 들어오셨다.

"안돼, 안돼. 일어나지 마. 조금만 더 쉬어."

"제가 왜 여기 있죠?"

"두통 때문에 쓰러진 거 같더라고, 네가 머리를 움켜잡은 채로 실신했어."

"그럼 여기는 어떻게 온 거에요?"

"어떤 남학생이랑 선생님께서 부축해 줘서 왔지."

"혹시 그 남학생 이름을 아세요?"

"알지, 전학 온 애 같던데? 서규민."

나는 서규민이라는 이름을 듣자마자 누워 있던 몸을 벌떡 일으켰다.

"선생님 당장 가 봐야 할 거 같아요. 저 진짜 괜찮아요. 약도 챙겨 먹을게요. 또 아프면 다시 올게요!"

"아직 가면 안 되는데!"

나는 선생님의 외침을 무시하고 당장 반으로 뛰어갔다.

'나도 모르게 두통으로 쓰러졌구나. 근데 또 규민이가 도와줬다고? 이런, 또 실수하고 말았어⋯.'

반으로 뛰어가면서 수치스러우면서도 미안한 마음이 몰려왔다. 또 사과할 일을 만든 내가 아주 한심했다. 급하게 뛰어오느라 마구 쿵쾅대는 심장을 붙잡고 교실 문을 확 열어 서규민을 찾았다. 대체 어딜 간 건지, 교실에는 규민이가 없었다. 나는 계속해서 서규민을 찾았지만, 반에는 아무도 없었다. 그때, 친구들이 반으로 들어오며 내게 다가왔다.

"은서야 몸은 괜찮아?"

"그래, 쓰러졌다길래 많이 걱정했어."

반 남자아이들도 내게 와서 물었다.

"야, 너 쓰러졌다며? 엄청 놀랐어."

"서규민이 놀라서 달려가더니, 선생님 부르고 너 부축해 줬잖아."

"알아, 나도 들었어. 그래서 그런데, 혹시 서규민 어딨는지 알아?"

"아 방금 체육 시간이어서 우리랑 축구 했는데, 지금 오고 있을 걸?"

그때 뒤에서 서규민의 목소리가 들렸다.

"잠깐 들어가야 해서 비켜줄래?"

"서규민!"

너무 크게 이름을 불러서 서규민은 깜짝 놀란 눈치였다. 나는 말을 이어나갔다.

"혹시 네가 나를 양호실로 부축해 줬어?"

서규민은 갑작스러운 부름에 당황한 상태로 어찌저찌 대답했다.

"그치?"

"어떤 상황이었는지 설명해 줄 수 있어?"

"네가 가방에서 뭘 급하게 찾는 듯하더니 갑자기 머리를 쥔 채로 실신했어. 나는 깜짝 놀라서 선생님을 불렀어. 선생님께서 부축하는 걸 도와달라고 하셔서 너를 부축했지."

나는 진심으로 감사를 표했다.

"정말 고마워."

"몸은 어때? 괜찮아?"

"괜찮아졌어, 쉰 덕분에 좀 나아진 거 같아."

"나아졌다니 다행이다."

나는 살짝 웃어 보였다. 그때, 시아가 나에게 다가와 말을 걸었다.

"괜찮아 은서야? 내가 얼마나 걱정했는지 알아?"

"걱정해 줘서 고마워 시아야, 난 괜찮아."

"그리그, 오늘 네가 부축해 줬다며? 정말 멋있다!"

시아는 규민이를 보고 멋있다며 막 칭찬해 주었다.

"아, 그저 선생님을 도와드린 것뿐이야. 칭찬해 준다니 부끄럽네."
"멋있는 걸 멋있다 하는 거지 뭐가 부끄러워. 귀엽다, 너."

시아는 규민이를 보고 귀엽다며 서규민의 볼을 손가락으로 콕콕 찌르며 장난쳤다. 나는 사이 좋아 보이는 그 둘의 모습에 또 뭔지 모를 감정을 느꼈다. 이 감정을 아마 '질투'라고 칭했던 거 같다.

다음날, 나는 평소대로 학교에 갔다. 오늘도 어김없이 시아와 오늘도 어김없이 서규민 자리에서 시아와 규민이 대화를 나누고 있었다. 대화를 나누고 있었다.

'또 둘이서 대화하고 있네. 더는 신경 쓰지 않을 거야.'

나는 잘 어울리는 둘의 모습을 외면하기 위해 내 자리에 엎드려 잠을 청하려고 했다. 그러나 앞에서 대화하고 있는 둘의 목소리가 들려와 나도 모르게 엿듣게 되었다. 시아가 물었다.

"너는 기억을 마음대로 할 수 있다면, 지우고 싶은 기억이 있어? 일단 나부터 말하자면, 나는 큰 실수를 했던 경험을 잊고 싶어."

"나는 큰 실수보다 사소한 실수를 했던 경험을 잊고 싶어."

"왜? 큰 실수가 더 부끄럽지 않아?"

"큰 실수는 곧 내게 배움을 주고, 사소한 실수는 내게 쓸모없는 고통만을 안겨주니까."

나는 규민이가 한 말을 듣고 가슴이 쿵 내려앉았다. 큰 실수는 곧 배움을 주고, 사소한 실수는 그저 쓸모없는 고통만을 안겨준다는 말. 규민이가 말해서가 아니라 그 말 자체가 와닿았다. 그 말을 듣자마자 내가 과거에 겪었던 상황들이 주마등처럼 지나갔다. 나는 과거 일을 하나하나 떠올리며 규민이가 한 말에 대입해 보았다. 지금까지 이어져 왔던 불안감이 해소되는 느낌이었다. 규민이가 했던 말로 인해 깨달았다. 실수에 더해 큰 압박감을 받을 필요는 없다고, 오히려 과거의 큰 실수는 미래의 나에게 배움을 준다고 말이다.

'넌 참 배울 점이 많은 애구나.'

어김없이 도착한 학교. 오늘은 유독 다른 점이 있었다. 규민이가 그 누구와도 같이 있지 않고 혼자 앉아 있었다. 나는 그런 서규민의 모습을 보고 반갑게 느꼈다.

'오늘은 혼자 앉아 있네.'

나는 책상 위에 달을 베고 엎드려서 글을 쓰는 건지, 숙제를 하는 건지 무언가 열심히 쓰고 있는 서규민의 뒷모습을 바라보았다. 어제부터 규민이가 배울 점이 많은 애라는 걸 깨달은 나는 서규민과 더 가까워지고 싶다는 생각을 하기 시작했다. 평소대로라면 혼자 관심 없는 척하며 합리화를 하곤 했지만, 이제는 다르다. 나는 확신했다. 서규민에 대한 호감을 말이다. 그러나 나는 아직은 그저 호감, 단순한 관심일 뿐이라며 내 감정을 확실하게 해놓았다.

오늘은 과학 시간에 수행평가로 모둠 활동을 하기로 했다. 학생들이라면 알다시피, 모둠 활동을 통해 친하지 않은 애들끼리도 대화를 나누며 친해지는 때도 있다. 나는 이 점을 노리기 위해 서규민과 같은 모둠이 되기만을 간절히 바랬다.

'제발, 서규민과 같은 모둠이 되길.'

내 모둠 편성은 성공적이었다. 나는 백시아, 서규민과 이다경이라는 소심하고 조용한 아이와 모둠이 되었다.

'서규민과 더 가까워질 수 있는 기회야!'

모둠끼리 같이 앉은 뒤, 나는 들뜬 마음으로 먼저 얘기를 꺼냈다.

"일단 첫날이니까, 우리 역할 분담부터 하자."

시아가 대답해 주었다.

"나는 발표 맡고 싶어. 혹시 발표 맡고 싶은 애 있어?"

나는 눈치를 보다가 다경이에게 먼저 물었다.

"다경아, 너는 무슨 역할 하고 싶어? 발표는 시아가 한다니까 너는 자료나, 디자인 중 고르면 될 거 같아."

다경이가 작은 목소리로 말했다.

"자료 맡을게."

다경이의 대답을 듣고 나는 규민이에게도 물으려고 입을 열었다. 그러나 시아가 내가 하려던 말을 낚아채고 말했다.

"규민아, 너는 무슨 역할 맡고 싶어? 혹시 발표 맡고 싶어?"

뺏겼다. 나는 열었던 입을 다시 닫고 규민이의 대답을 기다렸다.

"아니야. 나는 디자인 맡을게."

"나는 다경이랑 남은 역할인 자료 맡을게."

이렇게 서로의 역할을 지정한 뒤, 우리는 모둠 내에서 해야 하는 활동들에 관해 논했다. 다행히도 우리는 서로 합이 잘 맞았다. 각자의 의견을 존중해 주고 배려하는 자세를 지니고 있는 게 보기 좋았다.

"대충 서로의 의견을 들었으니, 콘티만 짜면 될 거 같아."

우리는 각자 맡은 역할에 충실하였다. 종이 치는 소리가 들리고 모두 자리로 돌아갔다. 모둠 합이 잘 맞아서인지, 수행평가를 잘 마무리 할 수 있을 것만 같았다.

기억상점

다음날 다음날 학교를 마치고 집에 가던 중, 골목에서 기억상점이라는 가게 하나를 발견했다.

"기억상점? 이런 상점이 있었나?"

나는 궁금한 마음에 낡고 오래된 상점 안으로 바로 들어갔다. 상점의 주인으로 보이는 늙은 할머니께서 상점을 치우고 계셨다.

'나이드신 할머니께서 운영하시는구나.'

"안녕하세요."

"어서 와요."

나는 상점을 둘러보며 물었다.

"이곳은 뭐하는 상점인가요?"

"기억상점은 자신의 과거 기억에 대해 묻거나, 지워주거나, 아니면 현재 기억을 절대 잊을 수 없도록, 확실하게 각인해 주는 상점이야. 너가 원한다면 현생의 기억을 각인시켜 후생까지 기억할 수도 있는 거고, 전생의 기억에 대해 물을 수도 있는 거지."

할머니께서는 알약 하나를 손에 올려 보여주셨다.

"이 알약 하나로 지우거나 각인시킬 수 있어. 그러나 각인시킨 기억에는 부작용이 있어. 이 종이 봐 봐."
 할머니께서 건네주신 종이에 적힌 내용은 이러하였다.

 부작용 첫 번째, 전생에 각인시킨 기억은 각인시킨 순간부터 다음 생, 다다음 생 그리고 반복적으로 생산되는 생들 속에서 지속적으로 각인할 수 있는 게 아니다.
 예를 들어 이번 생에 각인시킨 기억은 다음 생을 마주하게 된다고 하더라도, 다음 생의 시작부터 끝까지 계속해서 기억할 수는 없다. 각인시킨 기억은 때가 되면 돌아오는 것이다. 다음 생에 언제쯤 각인시킨 기억이 돌아올지는 본인의 기억, 그 스스로만 알고 있다.

 부작용 두 번째, 규칙적이지 않은 고통이 생길 수 있다. 머리가 갑자기 깨질듯이 아프거나, 숨이 턱 막히는 듯한 느낌을 받을 수도 있고, 원인을 알 수 없는 스트레스가 느껴질 수도 있다.

 부작용 세 번째, 사랑을 쉽게 느낄 수 없을 것이다. 전생에 사랑했던, 그때 그 시절의 진정한 운명의 상대를 만나지 않는 이상, 그 사람 이외의 사람에게는 사랑을 쉽게 느끼지 못할 것이다.

 '음…. 속는 셈 치고 한번 해볼까? 나는 정말로 지울 수 있다면 사소한 실수를 했던 기억을 지우고 싶다.'
 "가격은 어떻게 되나요?"
 "질문이나 요구사항 하나당 만 원씩만 지불하면 돼."
 '그럼 나는 과거 사이가 좋지 않은 친구에게 고진 말을 들어서 상처를 받았던 경험을 지워야겠어. 큰 실수를 했던 기억을 지우는 건

규민이의 말대로 내 앞으로의 발전에 도움이 안되니 사소한 걸 지워야겠다.'

"정말로 되는 건지는 모르겠지만, 가능하다면 과거 사이가 좋지 않은 친구에게 모진 말을 들어서 상처를 받았던 경험을 잊고 싶어요."

"안 돼."

"네?"

"안 된다고."

"왜요? 이미 돈도 지불했는데요?"

"기억은 한 사람당 한 번만 지우거나, 각인할 수 있어."

"네?"

나는 할머니의 말이 이해가 가지 않았다.

'한 사람당 한 번만 기억을 지울 수 있다니. 기억상점을 오늘 처음 알게 된 내가 과거 기억을 지우거나 각인시킨 적이 있다는 건가? 당장 내가 기억에는 이 상점을 처음 보는데?'

"지금 당장 제 기억에는 이 상점을 처음 보는 걸요?"

"더 궁금한 게 있다면 만 원."

'돈 문제에는 확실하시네.'

나는 또 만 원을 지불했다,

"자, 그럼 제가 언젠가 기억을 지우기라도 한 건가요?"

"너는 기억을 지운 적이 없어."

"그게 무슨 말이에요?"

"너의 과거가, 그러니까 네 전생이 기억을 각인시켰지."

나는 할머니의 말이 기억을 조작할 수 없어서 하는 거짓말이라고 밖에 생각할 수 없었다. 하지만 왜인지 모르게 할머니의 말이 믿음이 갔다. 그래서 나는 무언가에 홀리기라도 한 듯, 거짓말이라는 것을 알면서도 계속해서 더 할머니께 물었다.

"제가 무슨 기억을 각인시켰죠? 아직 전생의 기억이 돌아오지 않은 건가요?"

"그건…. 원칙상 말해 줄 수 없다네. 그리고 본인이 각인시킨 기억이라면 아마 스스로가 더 잘 알겠지."

허무한 대답을 들은 나는 한숨을 쉬며 생각했다.

'사기꾼이구나, 당했다.'

오늘도 평소와 같이 등교를 했다. 시아는 어김없이 학교에 일찍 도착해 있었다. 그러나 도착하자마자 찾은 규민이는 보이지 않았다.

'오늘은 좀 늦게 오나 보네.'

나는 별 생각 없이 자리에 짐을 풀었다.

나는 이야기를 하고 있는 박유아와 유채민에게 다가갔다. 나는 둘의 대화에 끼기 위해 물었다.

"둘이 무슨 얘기해?"

채민이는 이번 년도 같은 반이 되고 별로 얘기를 나눠본 적이 없지만, 전혀 나를 어색해하지 않았다. 채민이가 작게 속삭이며 말했다.

"우리 좋아하는 사람 얘기하고 있었어."

"좋아하는 사람?"

좋아하는 사람에 관해 언급했는데 나도 모르게 규민이를 떠올렸다. 현재 나는 규민이에게 배울 점이 많다는 부분에서 호감이 있는 사실을 인정했다. 그러나 내가 규민이를 좋아하는가에 대해서는 깊게 생각해본 적이 없다.

'내가 규민이를 좋아하는 걸까?'

"은서, 김은서!"

"어?"

생각하느라 나도 모르게 유채민의 질문에 대답을 하지 않고 있었다.

"몇 번을 불렀는데 대답이 없어."

"미안."

이번에는 박유아가 관심을 가지며 내게 물었다.

"그래서, 좋아하는 사람 있어?"

"그, 그게…."

"얼버무리는 거 보니까 있네."

둘은 나를 보며 쿡쿡거리며 웃었다. 나는 시치미를 떼며 말했다.

"아니야, 없어."

"아, 누군데? 말해 줘."

이때, 쉬는 시간이 끝나는 종이 쳤고 나는 대충 둘러대며 그 자리를 벗어났다. 나는 내 자리로 가 앉았다. 내 앞자리에는 아무도 없었다. 오늘 학교가 끝날 때까지 내 앞자리는 텅텅 비어 있었다. 규민이를 하루 안 본 거뿐인데 왜인지 모르게 내 빈 앞 자리의 공허함이 컸다.

오늘은 모둠 활동이 있는 날이다. 다경이도 제대로 조사를 해 와서 활동에 큰 지장은 없었다. 우리는 모둠 활동과 관련해 연락을 하기 위해 전화번호를 공유했다. 덕분에 규민이의 전화번호도 받을 수 있게 되었다. 학교를 마치고 집에 도착했을 때 나는 모둠 활동 단톡방에 초대되어 있었다. 친구들은 이미 채팅방에서 대화를 나누고 있었다. 나도 채팅에 껴서 같이 모둠 활동 관련 대화를 나누다가 규민이에게 물을 게 있어서 개인 메시지로 찾아갔다. 별것도 아니지만 처음으로 개인 메시지의 시작이었기 때문에 손이 덜덜 떨렸다. 나는 떨리는 손을 진정시키고 차근차근 대화를 시작했다 모둠 활동 관련된 질문과 아이디어 제공을 하고 우리는 서로 좋은 저녁 보내라면서 훈훈하게 마무리를 했다. 딱히 한 대화도 없으면서 내 심장은 미친 듯이 뛰어댔다. 침대에 누워 이불을 덮었다. 나는 내일도 규민이를 만날 생각에 뛰어대는 심장을 부여잡고 잠에 들었다.

다음날이 되고, 나는 어김없이 반에 들어가자마자 내 앞자리를 확인했다. 규민이는 등교하지 않은 상태였다.

'오늘도 안 오는 건가?'

나는 오늘은 늦게라도 오길 바라는 마음으로 자리에 앉아 짐을 풀었다. 한 교시, 한 교시 지나갈 때마다 규민이가 돌아오지 않아 마음이 불안했다. 역시나 학교가 끝날 때까지 규민이는 코빼기도 보이지 않았다. 나는 하교를 하면서 모둠 활동 때 받은 규민이의 전화번호로 연락을 했다. 나는 연락처를 받길 잘했다며 나 스스로를 칭찬했다.

"오늘 왜 학교 안 왔어?"

나는 답장이 늦게 올 거 같아서 핸드폰을 주머니에 집어넣으려 했지만 핸드폰은 주머니에 집어넣기 전에 울렸다.

"띠리링."

"어? 연락이 바로 오네."

규민이의 답장은 이러했다.

**- 두통 때문에 병원에 가느라 학교를 못 갔어.**

기억상점 143

나는 걱정되는 마음으로 답했다.

괜찮아? 두통 많이 심해? -
규민이는 나를 안심시켰다.

- 응, 괜찮아. 별로 안 심해.
다행이다. 오늘은 푹 쉬어. -
- 응. 고마워. 내일 학교에서 보자.
응! -

규민이는 성격대로 내 연락에 다정하게 대답해 주었다. 나는 가벼운 발걸음으로 집에 갔다.

학교에 도착하자마자 내 앞자리를 확인했다. 오늘은 평소대로 규민이가 학교에 왔다. 또 하루를 못봤기에 너무 반가웠다. 나는 규민이에게 다가갔다.
"좋은 아침!"
규민이도 내 활기찬 아침인사를 받아주었다.
"좋은 아침."
나는 많이 걱정된다는 말투로 물었다.
"몸은 좀 괜찮아?"
"괜찮아. 어제부터 걱정해 줘서 고마워."
"아니야, 친구가 아프다는데 당연히 걱정해 줘야지."
먼저 말을 건 덕분에 나는 또다시 내가 가장 좋아하는 규민이의 눈웃음을 볼 수 있었다. 오늘 하루는 알차게 시작할 수 있을 거 같다.

학교 활동 중에 소원팔찌 만들기를 하였다. 만들기 만큼은 자신 있는 나는, 만드는 과정을 빠르게 습득했다. 덕분에 규민이가 소원팔찌 만드는 걸 도와줄 수 있었다. 소원팔찌를 만들기 힘들어하는 친구들을 도와주고, 자리에 앉아 숨을 돌렸다. 나는 또다시 생각에 잠기기 시작했다. 먼저 내가 만든 소원팔찌에 대해 생각했다.

'나는 소원팔찌에 소원을 뭘로 빌지?'

곰곰이 생각하다가 정했다.

'진심으로 사랑하는 사람을 만나 함께 행복하고 싶어요.'

딱히 그리 현명한 아이디어는 아니었지만, 고등학생이 흔히 할 법한, 나름대로 낭만적인 소원이었다. 다음으로 최근에 갔다온 기억상점에 대해 생각했다.

'각인된 기억이 뭔지는 몰라도 언제 다시 기억이 돌아올지 정도는 알 수 있지 않을까? 오늘 학교를 마치면 기억상점에 한 번 더 갔다와야겠어.'

시간이 지나 하교가 다가오고, 다가오고, 나는 기억상점을 발견했던 골목을 찾았다.

"어, 여기다."

나는 기억상점 안으로 들어갔다. 문에 달린 종이 맑은 소리를 내었다.

"안녕하세요."

"어서 와요."

나는 의자에 앉았다.

"또 왔네? 어여쁜 아가씨."

어여쁜 아가씨라니. 기분 좋은 호칭이었다.

"근데 전에도 말했듯이 기억조작은 한 번뿐이랬는데? 왜 또 온 걸까?"

"기억의 정보에 대해 묻고 싶어요."

"무슨 질문?"

"각인된 기억이 뭔지는 원칙상 안 된다고 해도, 언제 다시 기억이 돌아오는지 여쭤도 될까요?"

"그 정도는 대답해 줄 수 있지. 정확히 언제라고 콕 집어서 대답할 순 없지만, 적어도 이번 한 해가 지나야지만 알 수 있네. 그래도 생각보다 곧인 거 같구나. 인연의 실이 점점 짧아지고 있거든."

나는 할머니께서 하신 말씀이 하나도 이해가 가지 않았다. 할머니의 입가에는 장난스러운 미소가 가득했다. 오늘은 10월 20일, 이번 한 해가 다 지나기까지는 아직 약 두 달정도 기다려야 한다. 그 후면 나도 내 각인된 기억에 대해 알 수 있는 걸까?

오늘은 주말이다. 즉, 등교하지 않는 날이라는 것이다. 나는 규민이를 못 본다는 아쉬운 마음을 붙잡고 평소 일정대로 독서실에 가기 위해 짐을 쌌다. 내가 다니는 독서실은 학교 근처라 그런지 우리 학교 학생이 많다. 그래서 '전학 온 규민이도 이 독서실을 다니지 않을까'라는 희망을 감히 품어보았다.

독서실에 도착해 짐을 풀고 너무 피곤해서 잠깐만 엎드려 있자라는 생각으로 알람을 맞추고 책상 위에 팔을 베고 엎드렸다. 시간이 지나고 나는 눈을 떴다.

"몇 시지?"

비몽사몽한 상태로 핸드폰을 켜 시간을 확인해 보자, 저녁이 되어 있었다. 정말 시간을 가늠할 수 없을 정도로 많이 자 버렸다.

"왜 알람이 안 울렸지?"

나는 핸드폰 알람을 확인해 보았고, 충격적인 실수를 발견했다. 알람을 다음 날로 맞춰놓은 것이다.

'바보 같은 실수다.'

실수를 해도 책임을 가지고 일을 다시 메꾸는 게 중요한 법. 오늘 할 일을 모두 끝내야 하는 건 변치 않으니 나는 잠 깰 겸 독서실 옥상으로 올라갔다. 옥상 문을 열었을 때, 나는 익숙한 뒤태의 남자를 발견했다.

'누구지? 익숙한데….'

아니 잠깐, 저기 저 남자가 익숙한 뒤태를 소유하고 있다는 게 중요한 게 아니다. 남자는 위험하게도 옥상의 난간을 넘어서 당장이라도 떨어질 것 같이 불안한 위치에 앉아 있었다. 나는 너무나도 놀라 당장 그대로 일어나려는 그 남자에게 소리쳤다.

"위험해요!"

나는 당장 그 남자의 옷깃을 잡고 안쪽으로 당겼다. 워낙 큰 키의 남자였던지라 나는 힘이 부족해 그 남자와 함께 넘어지고 말았다. 덕분에 숨이 차오르고 무릎이 까졌지만 그게 중요한 게 아니었다. 남자, 남자분이 괜찮은지 확인해 봐야 된다.

"헉, 헉. 괜찮으세요?"

"으윽, 아파…."

그 남자는 목소리까지도 익숙했다. 고개를 들어 남자의 얼굴을 확인했을 때, 규민이가 내 앞에 있었다.

"서규민…?"

규민이도 이마를 찌푸리고 나를 쳐다봤다. 그리고 놀란듯이 말했다.

"어? 김은서?"

나는 규민이에게 다가가 물었다.

"뭐야, 너가 왜 여기 있어? 무엇보다도 왜 그리 위험한 행동을 하고 있어? 너 잘못하면 죽을 뻔했어."

규민이는 고개를 푹 숙이더니 작은 목소리로 말했다.

"알아."

"뭐?"

예상치 못한 대답에 나는 당황했다.

"알고 있었다고. 죽을 뻔했던 거."

이게 무슨 상황인지 이해가 안 갔다. 그럼 의도한 행동이었다고?

"죽을 걸 알고서도 의도한 거야?"

"응."

무슨 말을 해 줘야 할지 몰라서 우리는 조금의 침묵을 유지했다. 그러다 내가 어렵게 입을 열었다.

"괜찮아?"

규민이는 한동안 대답이 없다가 결국 말했다.

"아니."

무언가 상황이 복잡해지고 있음을 느꼈다.

나는 규민이의 이야기를 차근차근 들어보기로 했다.

"무슨 일이야?"

규민이는 또 한동안 아무 말도 없었다. 나는 사연이 있는 듯해 보이는 규민이가 안타깝게 느껴졌고 도움을 줄 수 없어서 미안했다.

"내가 도움이 될진 사실 나도 모르겠어. 근데 내 생각엔 혼자 해결하려는 것보다 다른 사람과 함께 덜어내는 게 조금 더 위로가 될 거 같아. 남들에게 네 이야기를 하는 것만으로도 위로가 되기도 하니까."

규민이는 계속 바닥만 쳐다봤다. 그리고 고개를 들어 나를 쳐다봤다. 결국 규민이는 나긋한 목소리로 본인의 이야기를 시작했다.

"계속되는 스트레스로 인한 두통, 그리고 자꾸만 과거를 회상시키는 악몽들. 이 둘 때문에 잠도 제대로 못 자서 몸이 안 좋아. 약으로 해결해보려 했지만 두통과 악몽을 일시적으로 멈추는 건 가능하더라도 마음대로 조절할 순 없었어. 오늘도 스터디 카페에서 애써 문제를 풀려고 해보았지만 잘 풀리지 않았어. 결국 나는 펜을 내려놓고 옥상에 올라왔고, 이 사단이 난 거야. 나도 내가 왜 그랬는지는 모르겠다. 잠이 부족해서 순간적으로 미쳤었나 봐. 결과적으로 나는 살아가는 용기를 잃었고 죽으려는 데에서만 용기를 찾으려 했어. 나 앞으로 어떻게 해야 할지 모르겠어."

규민이의 목소리는 점점 울먹거리는 소리로 바뀌었다. 거칠어진 숨으로 푹 숙이고 있던 고개를 들며 눈물 가득한 얼굴을 보였다. 그리고 말했다.

"내게는 죽음만이 답인 것처럼 느껴져. 지금도 내가 약한 모습 보이는 게 매우 수치스러워. 너랑 아직은 친해지는 단계인데, 눈물 고인 눈을 보이는 게 창피해."

나는 규민이의 등을 토닥여 줬다.

'누구에게나 나약한 모습과, 감정적인 모습은 존재하는구나. 그게 과연 해맑게 웃어 보이던 규민이일지더라도.'

나는 규민이에게 해 줄 수 있는 말을 찾으며 머리를 열심히 굴렸다.

'지금 무기력하고 지친 규민이에게 해 줄 수 있는 말이 뭐가 있을까? 힘내는 너무 무거운 책임감을 안겨 주고, 괜찮아는 너무 가식적으로 보일지도 몰라. 어떡하지?'

나는 훌쩍대는 규민이의 등을 토닥여 주다가 옥상 바닥 시멘트 속 작게 피어 있는 민들레를 보고 위로의 말을 찾았다.

"너 그거 알아? 민들레의 꽃말은 행복과 감사인 거. 그래서 저렇게 시멘트 같은 곳에 피어 있는 민들레들을 보면 이런 생각이 들어. '아, 민들레도 저렇게 힘겹게 피어나서 행복과 감사라는 꽃말을 갖고 버텨나가는데 민들레보다 더 힘든 상황에 놓여 있지도 않은 나는, 민들레보다 더 크고 아름다운 꽃으로 피어날 수 있지 않을까?'라고 말이야."

규민이는 훌쩍거리는 소리를 멈추고 닭똥 같은 눈물을 뚝뚝 흘리며 나를 쳐다봤다. 나는 마지막으로 규민이에게 위로의 한마디를 건넸다.


"근데 있잖아, 내가 보기엔 넌 이미 크고 아름다운 꽃으로 피어난 거 같아. 그리고 앞으로 더 아름다워지고 더 커질 수 있을 거야."

나는 규민이에게 금잔화 자수가 새겨진 손수건을 주었다.

"이걸로 눈물 닦아."

규민이는 떨리는 목소리로 말했다.

"고마워."

그렇게 우리는 옥상 벤치에서 즐거운 대화를 나눴다. 나는 행복했다. 날씨가 좋아서인지, 웃음이 자주 나와서인지, 아니면 규민이가 내 곁에 있어서인지. 눈물을 그치고 진정된 규민이가 손수건을 보며 이렇게 말했다.

"있잖아, 나 금잔화 엄청 좋아한다?"

"아 진짜? 몰랐네."

"응, 예쁘잖아. 근데 금잔화 꽃말 뭔지 알아?"

"이별의 슬픔 아니야?"

"응, 맞아. 사람들이 이별의 슬픔이라는 꽃말 때문에서인지 자꾸 편견을 가져. 진짜 예쁜데 말이야. 그래서 나는 꽃말에 의의를 두지 않아. 꽃말을 보고 그 꽃을 부정적으로 바라보기엔 아름다운 꽃들이 너무나도 많으니까."

"너는 꽃의 그 모습 그대로를 보는구나. 그런 가치관이 정말 멋지다."

"고마워. 나는 인간관계도 마찬가진 거 같아. 그런 사람들 있잖아, 소문이 조금 부정적인 사람들. 나는 소문이 부정적이라는 이유로 편견을 갖고 보는 사람들이 오히려 이해가 안 가. 서로 한마디도 안 해봤으면서, 그 사람의 가치관을 들여다 본 적도 없으면서 말이야."

나는 규민이의 말을 듣고 경의를 가졌다.

'너는 정말 여러 생각을 많이 하는구나. 정말 사려깊다. 본받고 싶어.'

오늘도 규민이에게 존경을 느꼈다. 비록 규민이가 죽음을 꿈꾸더라도 그것과 상관없이 규민이는 참 배울 게 많은 아이라 생각하니까, 규민이는 금잔화보다 더 아름다운 꽃으로 피어난 듯하니까. 나는 규민이를 보며 살짝 미소 지었다.

다음날 또한 주말이라 나는 침대에 누워서 할 게 없다며 투정만 부리고 있었다.

'규민이는 뭐하고 있을까? 어제는 집에 잘 들어갔나?'

어제 집에는 잘 들어갔는지, 감정은 아직도 심란한지 걱정되는 마음으로 규민이의 sns 프사를 확인했다. sr.s 프사를 보니 아마 어딘가 놀러간 것으로 추정되었다. 보아하니 올여름에 놀러간 듯하였다.
'귀엽네.'
나도 모르게 프사를 보며 흐뭇하게 웃고 있었다. 오랜만에 블로그를 구경했다. 블로그는 정말 잘 안 들어가기 때문에 내가 많이 심심한가보다 싶었다. 인기 게시물을 둘러보다가 이런 제목의 글을 발견했다.

친해지고 싶은 친구가 있다고요? 이 게임을 추천해 줄게요!

나는 제목을 보고 관심이 생겨 그 게시물을 클릭했다. 내용은 이러하였다.

진실게임이라고 아시나요? 서로 질문을 주고받으면서 대답하지 않으면 벌칙, 대답을 거짓으로 말했을 경우 같이 게임을 하는 친구들로부터 저주를 받는 게임인데요. 그래서 진실게임을 시작하기 전 서로 약속을 합니다. 거짓을 말하면 상대가 준 저주를 받는 걸로요.

혹시 아직도 어색한 친구가 있나요? 아니면 사귄 지 며칠 안 된 연인과 알아가는 시간이 필요한가요? 이 게임을 해보세요! 서로를 알아가는 데에는 확실히 직빵입니다.

나는 내일 학교에 가면 친구들이랑 해야겠다며, 질문할 거리들을 생각해 봤다.
"띠링."
그때, 누군가의 연락이 왔다. 그 연락의 주인은 시아였다. 시아는 방금 본 진실게임에 관한 블로그 글을 내게 공유했다. 나도 메시지를 보냈다.

"나도 방금 이 글 봤는데."

시아가 답했다.

"우리 진실게임 하자!"

나는 흔쾌히 허락했고, 우리는 질문들을 주고받으며 게임을 즐겼다. 시아가 질문할 차례였다.

"너는 좋아하는 사람 있어?"

나는 ㅌ자를 치던 손을 멈칫했다. 요즘 내가 제일 복잡하게 생각하는 좋아하는 사람의 유무에 대해 묻다니, 나는 말문이 턱 막혀버렸다.

'뭐라 대답하지? 너무 애매한데.'

나는 대답할 수 없어서 결국 애매모호하게 말했다.

"잘 모르겠어. 너는?"

"나 사실 우리 반 이재승 좋아해. 너 저번에 보니까 좋아하는 사람 있어 보이던데, 솔직하게 대답해도 돼."

같은 동아리라서 알고 있는 이재승은 모든 사람들에게 친절하고 잘 웃는 성격이다. 그래서 나도 재승이를 긍정적이게 생각하고 있었다. 시아가 재승이를 좋아한다는 점은 이해가 갔다. 나는 시아가 누군가 좋아하는 사람이 있다고 확연하게 말하는 점이 놀라웠다. 누군가를 마음에 품어본 적 없어서 놀라울 만한 일이었다. 나는 시아의 메시지를 읽어 놓고 한동안 대답하지 못했다.

'이런 부분에서 시아처럼 감정을 확실하게 잡아야 돼. 하나하나 판단해 보며 생각하자. 내가 정말 규민이를 좋아하나?'

나는 나 스스로에게 질문하고 대답하며 생각했다.

나는 평소 서규민을 생각하는가?
-대체로 생각한다.

서규민의 단점이 먼저 보이는가, 장점이 먼저 보이는가?
-서규민의 장점이 우선으로 보인다.

서규민의 연락을 기다리는가?

 스스로 세 번째 질문에 대답하려고 하고 있을 때, 핸드폰 알람이 울렸다.
 "띠리링."
 연락을 보낸 사람의 이름은, 서규민이었다. 나는 당장 핸드폰을 집어들어서 메시지에 답장을 했다. 규민이는 시아와 똑같이 진실게임에 관한 게시물을 보낸 채로 내게 물었다.
 "뭐해?"
 다시 한 번 핸드폰이 울렸다.
 "지금 심심하면 나랑 진실게임 해 볼래?"
 나는 절대로 이 제안을 거절할 생각이 없었고, 바로 답장했다.
 "좋아."
 규민이가 먼저 질문했다.
 "너는 취미가 뭐야?"
 "나는 그림 그리는 거 좋아해."
 이제 내 차례였다.
 "너는 평소 여가시간을 어떻게 보내?"

"나는 근처에 나가서 야경 보는 걸 좋아해."

나는 야경 보는 걸 좋아한다는 규민이의 말을 듣고 빠르게 선수쳤다.

"정말? ㄴ-돈데, 우리 나중에 기회되면 한번 같이 야경보러갈래?"

"좋아."

긍정적인 대답에 나는 안심했다. 서규민이 물었다.

"너는 무슨 음식 좋아해?"

"머랭 쿠키랑 팬케이크 좋아해."

"나랑 똑같네. 너도 단 거 좋아하는구나?"

"응, 무지."

또 내 차례였다. 나는 처음부터 너무 궁금했던 것을 결국 용기 내 물었다.

"좋아하는 사람 있어?"

나는 침을 꿀꺽 삼켰다. 왜인지 모르게 규민이의 대답이 날 긴장시켰다. 규민이는 메시지를 읽고 한동안 답장이 없었다. 잠시 후 핸드폰이 울렸다. 규민이의 답장은 놀라웠다.

"응."

수긍하는 한마디가 나를 수많은 의문에 가득차게 했다. 좋아하는 사람이 있다니, 예상치 못한 답변이었다. 한참을 고민하고 생각하던 도중 읽어 놓고 답장을 안 했던 시아한테서 메시지가 왔다.

"왜 더답 안 해?"

규민이한테서 연락이 오고, 나는 시아의 메시지에 답장해야 하는 걸 깜빡 잊고 있었다. 나는 한 치의 망설임도 없이 대답했다.

"나 서규민 좋아해."

관계통

오늘은 회장 선거를 하는 날이다. 나는 회장자리보다 부회장 자리를 항상 탐내곤 한다. 너무 큰 책임은 부담만 될 뿐이기 때문이다. 우리 학교에서는 회장 선거와 부회장 선거를 따로 하는데 회장 선거에는 여러 남녀 반 친구들과 규민이가 출마했다. 규민이가 책임감 있고, 다정한 성격이란 걸 알고 있는 반 친구들은 규민이를 뽑았고, 나는 부회장 선거에 출마했다. 운이 좋게도, 나는 규민이와 함께 임원을 할 수 있게 되었다. 같이 임원이라는 핑계로 나는 계속 억지를 부리며 규민이에게 말을 걸었다. 그럴 때마다 규민이는 웃으며 내 질문에 온화한 어투로 대답해 주었다. 덕분에 점점 더 규민이가 좋아져갔다

 내 동아리는 방송부이다. 어김없이 점심 방송을 하러 방송실로 내려가려던 참이었다. 그때 시아의 짝사랑 대상이자 오늘의 엔지니어를 맡고 있는 재승이가 다른 친구들과 신나게 놀고 있는 걸 발견했다. 나는 재승이를 불러 방송실로 끌고 갔다. 해야 할 방송들을 모두 마치고, 잠시 쉬는 시간에 굳이 시아 얘기를 꺼냈다.

관계통    157

"시아 무척 착하고 예쁜 거 같아."

재승이가 대답했다.

"그치. 좋은 친구야."

나는 여기에 한술 더 떴다.

"시아는 인기 많아서 좋겠다.

이런 식으로 자연스럽게 칭찬을 했다. 재승이의 머리에 잠깐이라도 시아가 떠올려지길 바라는 마음에 의도적으로 말했다. 반으로 돌아와서 재승이와 동아리 관련된 얘기를 했다. 이번에 동아리에서 하는 방송의 계획에 대해서 얘기를 주고받았다.

"그럼 이따 연락해."

재승이가 대답했다.

"알았어."

나와 재승이의 대화는 이게 전부였다. 이때는 몰랐다. 당장 내일 무슨 일이 있을지를.

학교에 도착하자마자 시아가 보여서 손을 흔들었다. 그러자 시아는 나를 외면했다.

'뭐지? 못 본 거겠지?'

무언가 이상해서 뒤를 돌아보니 우리 반 애들이 수근거리고 있었다. 뭔가 불길했지만 나는 딱히 신경쓰지 않으며 내 할일을 했다. 모둠 활동 때문에 시아에게 말을 걸었다.

"시아야, 혹시 자료 찾을 때 이것도 확인했어?"

"아, 응."

차가운 시아의 대답이 당황스러웠다. 나는 갑자기 달라진 시아의 태도에 의문을 가졌다. 무슨 일이라도 있는 걸까? 당장은 쉬는 시간

종이 쳐서 자리로 돌아갔다. 어제 내가 재승이에게 시아 얘기 꺼낸 게 떠올라서 시아에게 칭찬받으려고 시아에게 다가가 말을 걸었다.

"시아야 내가 어제 재승이한테 너 칭찬했어. 잠깐이라도 너 떠올리라고. 잘했지? 근데 재승이도 네 칭찬에 맞장구 쳐주더라. 너 좋아하는 거 아니야?"

나는 웃으며 살갑게 말했지만 시아의 표정은 예민하고 차가워 보였다. 시아는 내 말에 대답했다.

"그랬구나."

예상치 못한 대답에 나는 조심스레 물었다.

"오늘 기분 안 좋은 일 있어? 너 되게 차갑게 느껴져."

"응."

또 짧은 대답을 한 뒤, 시아는 채민이에게로 가서 아무 일 없는 듯 해맑게 웃었다.

'확실히 무슨 일이 있나 보다.'

나는 시아와 대화해 보기로 마음먹었다. 다음 교시 쉬는 시간이 다가오고 나는 용기 내 시아 자리로 찾아갔다.

"시아야 나랑 잠깐 대화 좀 할래?"

"아니."

여전히 차가운 대답에 조금 당황했지만 이대로라면 상황이 나아지지 않을 거 같아서 나는 시아의 손목을 살짝 잡고 다시 얘기했다.

"나랑 얘기 좀 해 줘."

"아 싫다고!"

소리를 지르며 손을 뿌리치는 시아는 주변인들의 시선을 집중 받았고, 나는 소리치는 시아의 모습을 벙찐 채로 바라봤다.

"싫다는 데 왜 자꾸 이래."

"왜 그러는 거야 갑자기."

"뭐가."

"너 차가워졌어. 평상시의 시아가 아니잖아."

"넌 내가 만만해?"

"뭐?"

나는 대체 시아가 무슨 말을 하는지 이해할 수 없었다.

"넌 내가 걔 좋아하는 거 뻔히 알고도 꼬리치고. 참 여우같다 얘."

"무슨 말이야 그게? 나 누구 좋아하는지 너도 알잖아."

"근데 둘이 연락도 주고받고, 네 친구 갖고 노니까 재밌어?"

"난 정말 이해가 안가. 동아리 때문에 어쩔 수 없이 대화를 나눈 거 알잖아. 내가 널 얼마나 응원하는데. 그럼에도 불구하고 너는 내 입장은 듣지도 않고 그렇게 단정지은 거야? 너는 나에 대해서 그렇게 잘 알면서 입에 그런 왜곡된 사실들을 담고 싶어?"

뒤에서 수근거리는 소리가 들려왔다. 여러 개의 눈들이 나를 의식하는 게 느껴졌고, 그 눈빛들은 당장이라도 베일듯이 매우 날카로웠다.

"하, 됐다. 너랑 무슨 말을 더해."

시아는 한숨을 쉬더니 내 어깨를 실수인 척 치고 지나갔다. 나는 뒤에 서서 수근대는 반 친구들을 바라보다가 다시 고개를 돌려 눈물을 감췄다. 그러나 감정이 너무 격해져 나는 훌쩍거리기 시작했다. 애써 눈물을 닦아보지만 계속 흘러내리는 것은 여전해, 의미는 없었다. 그때, 발자국 소리가 들렸다. 내 앞에는 규민이가 서 있었다.

"왜 울어?"

울고 있는 나를 본 규민이의 첫마디였다. 나는 훌쩍거리느라 제대로 된 대답을 하지 못 하였다.

"진정 좀 하고 오자."

규민이는 내 어깨를 잡고 밖으로 인도했다. 규민이가 회장이라는 이유 때문인지, 고맙게도 나를 챙겨주었다.

'규민이는 회장이니까. 부회장이 곤란할 때 도와야 할 의무도 있겠지. 그래, 규민이는 회장이니까….'

나는 속으로 씁쓸해 하고 있었다. 규민이가 나를 도울 이유로는 그저 규민이가 회장이라서밖에 없기 때문이다. 과연 나를 좋아해서라는 이유는 꿈꿀 수 없으니까. 우리는 사람이 잘 안 다니는 학교 옥상 쪽 계단에 앉았다.

"아, 맞다."

규민이는 주머니에서 내가 빌려줬던 금잔화 자수가 새겨진 손수건을 꺼내 쥐어주며 말했다.

"눈물 닦아."

나는 기시감을 느끼며, 과거 내가 규민이에게 손수건을 건넨 순간이 떠올랐다. 나는 고마운 마음에 더 울컥해져서 눈물을 줄줄 흘렸다. 규민이는 내가 눈물을 더 흘리자 당황했다.

"아니, 왜 더 울어. 진정해."

규민이가 어쩔 줄 몰라 했다.

"아니 나는 꼬리친 게 아니라 그냥 동아리 때문에…."

"뭐라고?"

아마 규민이가 못 들었을 것이다. 내가 너무 흥분한 나머지 훌쩍거리느라 말을 제대로 하지 못했기 때문이다. 나는 또 중얼거리듯 말했다

"내가 좋아하는 건 넌데."

"뭐라고? 잘 안 들려. 조금 진정하고 말해."

이때 나도 모르게, 아무도 내 마음을 몰라주는 게 억울해, 크게 외쳐버렸다.

"내가 좋아하는 건 너라고!"

나도 모르게 고백을 뱉어 놓고 늦게 내 입을 막았다. 내가 방금 무슨 말을 한 거지? 너무 감정적으로 굴어 버렸다. 수치스러워, 부끄러워. 나는 눈물 고인 동그란 구슬 같은 눈으로 규민이를 바라보았다. 규민이는 확실히 놀란 것 같았다. 서로 아무 말도 못하고 있다가 규민이가 먼저 입을 열었다.

"괜찮아, 너무 벙쪄 있지마."

역시나 따뜻한 규민이. 많이 당황스러웠음에도 불구하고 놀란 나부터 걱정하다니. 알면 알수록 더 호감이 생기고 마음이 갔다. 나는 고장이라도 난 듯 어버버거리며 규민이를 계속 바라보았다. 무슨 말을 해야 할지 도무지 알 수 없었다. 그때, 규민이는 살짝 눈웃음 지으며 내게 말했다.

"나도 너 좋아하니까."

"응?"

나는 규민이의 말을 듣고 몇 초 뒤 바로 볼과 귀가 뜨겁게 달아오르는 듯한 느낌을 받았다.

"뭐, 뭐라고? 정말 내가 정신이 없나 봐. 자꾸 네 말을 잘못 듣네. 다시 말해 줄 수 있어?"

나는 멋쩍은 웃음을 어색하게 지으며 정작 내가 들은 말이 맞는지 확인하고 싶었다.

"나도 너 좋아한다고."

나는 한동안 그 모습 그대로 돌처럼 굳어 있었다.

"너도 알지 않았어? 회장이라서 챙겨준 거 아닌 거."

당황한 얼굴은 결국 감추지 못했고 나는 어렵게 입을 열었다.

"나, 나는 몰랐어. 너가 회장이라서가 아니면 날 챙길 이유는 없다고 생각했으니까."

나는 얼굴이 빨개진 채로 소심하게 말했다.

"아무튼 좋아해, 너도."

규민이는 내 머리를 귀 너머로 넘겨주었다. 규민이 손에는 향기로운 핸드크림 향이 배어 있었다. 그리고 내게 말했다.

"고마워, 너도 나 좋아해 줘서."

내 눈이 빛이라도 나올듯이 초롱초롱해졌다. 단순한 나는 아까까지만 해도 있었던 일을 모두 잊고는, 규민이를 와락 안았다. 그리고 행복한 목소리로 기쁘게 말했다.

"응! 좆말 좋아해!"

그때, 무언가 '뚝' 끊기는 듯한 소리가 났다.

"뚝."

규민이의 소원팔찌가 끊겼다. 규민이는 끊긴 소원팔찌를 보고 고개를 돌려 나를 다시 보더니 내게 말했다.

"소원이 이뤄졌나 봐."


시아가 하도 너 얘기를 이곳저곳 하고 다녀서 최근 내 소문이 좋지 않다. 혹여나 시아를 통해 나를 싫어하는 아들이 규민이가 내 남자친구라는 이유만으로 규민이를 괴롭힐까 봐 걱정돼서, 이제 내 남자친구라고 지칭할 수 있는 규민이와 비밀 연애를 하기로 약속했다. 등교해 내 앞자리를 확인했다. 규민이가 자리에 앉아 재승이와 대화를 나누고 있었다. 나는 혹시나 또 시아로부터 오해를 받을까 봐 눈치를 보며 일부러 쳐다보지 않았다. 긴 시간 동안 학교에 머무르다가 드디어 하교할 시간이 다가왔다. 나와 규민이는 스터디 카페에 가서 시간을 보내기로 약속한 바가 있어, 해야 할 것들을 챙겨서 스터디 카페로 향했다.

스터디 카페에서 나는 하나도 집중하지 못했다. 그런 나와 다르게 규민이는 확실히 집중이 잘되는 듯하였다. 내 머릿속에선 수많은 생각들이 오가고 있음에도 말이다.

'규민이는 지금 뭐하고 있을까?'

나는 똑같은 생각을 반복하며 규민이를 힐끗힐끗 쳐다보았다.

'규민이는 내가 불편하진 않을까? 보아하니 집중은 잘하는 거 같은데. 오히려 내가 아무것도 안 하면 방해되려나? 뭐라도 해야겠다.'

나는 책상위로 꺼내놨던 문제집들을 풀기커녕 연필이 다 닳을 때까지 동그라미를 반복적으로 그리며 불안한 상태에 놓여 있었다. 그때 누군가 내 어깨를 톡톡 쳤다. 규민이었다. 규민이는 입 모양과 손짓으로 잠시 나가자는 신호를 보냈다. 나는 좋다며 규민이를 따라갔다.

시간이 저녁 때라서 해가 지고 있던 참이었다. 붉게 물든 하늘, 점점 서쪽으로 지는 해. 모두 아름다웠다.

"우와, 진짜 예쁘다."

"예쁘지. 전에 나 혼자 해지는 거 보러 온 적 있는데, 너무 예뻐서 너랑 보러오려 했어."

나는 그 말을 듣고 과거에 드라마에서 본 대사가 떠올랐다.

'예쁜 옷을 입었을 때 네게 보여 주고 싶고, 맛있는 걸 먹었을 때 너랑 같이 먹고 싶고, 집에서 편히 휴식을 취할 때 너랑 같이 쉬고 싶은 것. 그런 것처럼 예쁜 걸 볼 때 나와 같이 보고 싶었다는 건, 너도 언제부턴가 내가 네 모든 의식주가 된 건 아닐까.'

혼자 과도한 망상에 푹 빠져서는 규민이의 말에 막 이런저런 의미 부여를 하며 혼자 히히덕거리고 있었는데, 규민이가 입을 열었다.

"은서야, 내 세상은 언제나 가로등 하나 없는 어둑한 골목 같았지만 지금은 너처럼 빛을 잃지 않고 밝게 타오르는 해가 내 세상을 비춰 주고 있어. 너무 고마워. 너는 내 어두웠던 세상을 밝게 비춰주는 한 해 같아."

'어두웠던 세상을 밝게 비춰주는 한 해?'

나는 규민이의 뛰어난 표현력에 감동했다. 말을 이리도 예쁘게 하는데 내가 어떻게 널 미워할 수 있을까? 규민이에 대한 마음이 더 커져갔다. 우리는 일몰을 묵묵히 바라보다가 해가 서쪽으로 사라졌을 무렵 각자 집으로 돌아갔다.

오늘은 주말이다. 나는 지금 매우 기대되는 상태로 규민이를 기다리고 있다. 어제 내게 선물이 있다는 메시지를 받았었기 때문이다. 저 멀리서 규민이가 보였다. 규민이는 손에 무슨 선물상자를 쥐고 있었다. 규민이가 손에 쥔 걸 확인해 보니 목걸이 보관함이었다.

"열어 봐."

규민이는 목걸이 보관함을 내 손에 쥐어 주었다. 보관함을 열어 보니 규민이가 가진 목걸이의 반대쪽 모양인 은색 반쪽 하트 모양 목걸이가 있었다. 목걸이는 햇빛을 받아 반짝거렸다. 규민이는 차고 있던 목걸이를 풀었다. 내가 선물 받은 목걸이와 규민이의 목걸이를 가까이 붙이자 목걸이 속의 자석이 반응해서 하나의 하트 모양을 이루었다. 규민이가 말했다.

"가장 소중한, 사랑하는 사람한테 주고 싶었어."

"나도 정말 갖고 싶어 했던 목걸인데, 반쪽이 있었구나!"

"정말? 너가 갖고 싶어 했었다니. 신기하다."

나는 규민이를 살포시 내 품에 담고서는 얼굴을 마주보았다. 그때 규민이가 먼저 말했다.

"사랑해."

나는 감동 받아서 아무 말도 하지 못하였다. 부끄러운 마음을 얼굴에 다 드러내며 입을 열어 말했다.

"나도, 사랑해."

우리는 집에 돌아가며 도란도란 얘기를 나눴다. 규민이에게 물었다.

"너는 무슨 꽃 좋아해?"

"나는 금잔화. 너는?"

"나는 해바라기. 해 하나 만을 바라본다는 게 너무 아름답지 않아?"

나는 이 말을 하고 갑작스럽게 머리가 아파오기 시작했다. 그리고 이 상황에 왜인지 모를 기시감을 느꼈다. 규민이가 깜깜해진 밤하늘을 보며 말했다.

"그래도 해라는 하나의 대상만 바라본다는 게 비참하게 느껴질 수도 있겠어."

그 말을 듣고 내 두통은 더더욱 심해졌다. 이제는 시야가 흐릿할 정도에 다다랐다. 심지어는 이명까지 들리기 시작했다. 눈이 점점 감겼고 나는 버티려고 안간힘을 썼다. 이명 때문에 잘 들리지 않았지만, 대충 들리기로 규민이는 괜찮냐며 걱정해 주는 듯하였다. 나는 결국 몸에 힘이 빠져 쓰러지듯 규민이의 품에 기댔다.

눈을 떠보니 기억상점이 보였다. 내가 지금 꿈을 꾸는 걸까? 이상한 점은 주변에는 아무것도 없다는 것이다. 나는 무언가에 홀린듯 기억상점으로 들어갔다. 주인장 할머니께서는 기다렸다는 듯 눈웃음을 지으며 턱을 한 손으로 바치고는 날 바라보았다. 할머니께서는 말씀하셨다.

"정말 다행이다."

흐뭇하게 웃으셨다.

"사랑은 목숨까지도 내어주지. 얼마나 아름다운지 몰라."

나는 알 수 없는 말을 하는 할머니께 말의 의미를 여쭤보려 했다. 그때 또 '뚝' 소리가 들렸다.

"뚝."

이번엔 내 소원풀찌가 끊겼다.

"그 실이 둘을 이어주는 인연의 실이라면, 이제 그 끊긴 일부의 실이 너희의 만남을 이어주는, 보이지 않는 연결고리가 될 거야. 축하한다, 시월아."

나는 마치 시월이를 내 이름인 듯 부르는 할머니의 말에 의문을 가지고 어색하게 웃으며 말했다.

"제 이름은 김은서에요, 할머니."

할머니는 호탕하게 웃으시더니 내게 말했다.

"그 말을 깜빡했구나, 내가 나이가 들어서 자꾸 깜빡거리곤 해. 그게 네 전생 이름이다, 한시월."

"너?"

머리가 복잡해지고 전생의 내 이름을 들으니 여러 기억들이 주마등처럼 불규칙적으로 스쳐지나갔다. 나는 머리를 부여잡고 고통스러워 하였다.

"헉!"

눈을 뜨니 나는 식은땀을 줄줄 흘리고 있었다. 병원으로 보이는 곳 침대에 누워 있었다. 그때 누군가 문고리를 잡고 열었다.
'누구지?'
"일어났어?"
규민이었다.
'맞다 나 얘한테 기대서 쓰러졌지?'
상황파악 후, 나는 규민이에게 끼쳤던 민폐를 사과했다.
"두통 때문이었어. 기대서 정말 미안, 불편했을 텐데."
"아니야, 괜찮아."
나는 고개를 들어 병원 안을 둘러보다가 규민이에게 물어봤다.
"여긴 병원이야? 난 어떻게 여기로 온 거야?"
"응, 내가 업어서 데려왔어."
"또? 그렇구나. 고생했네. 민폐만 끼치고…. 정말 미안해."
"아니야, 괜찮아."
그때, 방금 꿨던 꿈이 다시 떠올랐다. 나는 소원팔찌를 확인해 보았다. 소원팔찌는 이미 끊어져 있었다.
'꿈이 아닌가? 꿈인지 아닌지 확인해 봐야 해.'
일단 규민이에게 고마움을 전하기 위해 급하게 말하였다.
"일단 챙겨 줘서 정말 고맙고, 갑자기 쓰러져서 미안해. 많이 놀랐겠다. 근데 나 가 봐야 할 곳이 있어서 먼저 일어나 볼게."
"지금 꼭 가야 돼? 몸이 완전히 회복되진 않은 거 같은데."
"응, 지금 꼭 가야 돼. 상황은 나중에 설명할게."
나는 당장 병원을 나가 택시를 잡았다.
"택시!"
기억상점이 있는 골목에 다다르고, 나는 골목 안쪽으로 들어갔다. 기억상점 앞에는 누군가를 기다리는 듯, 주인 할머니께서 계셨다.

"기다렸어."

"네? 저를요?"

"들어가자."

나는 할머니를 따라 들어갔다. 자리에 앉아 할머니께 여쭤보았다.

"제가 각인시킨 기억에 대해 궁금해요."

"인연의 실이 보이지 않는 매듭을 지었으니 이제는 차근차근 말할 수 있겠구나, 시월아."

"한시월이 제 전생 이름이라 하셨죠?"

"그렇지. 나는 시월이라 부르는 게 더 편하더라."

"최근 기이한 일이 있었어요. 저는 겪은 적이 없는데도 익숙한 기억이 머릿속을 마구 스쳐지나갔어요."

"그때 머리가 많이 아팠니?"

"네."

"그게 부작용이야. 전에 말한 적 있지? 두 번째 부작용, 불규칙하고 지속적인 고통."

"머릿속에 스쳐간 기억이 있어서 조금이라도 비슷한 일이 현실로 나타나면 기시감이 느껴져요. 전에 같은 일을 겪은 적이 있다는 듯이, 익숙한 기억이라는듯이. 전생의 기억들 때문일까요?"

"어느 상황에서 기시감을 느꼈는데?"

"해바라기, 금잔화. 이 특정한 꽃들의 이름이 들려오면 기시감이 느껴져요."

"정확히 느꼈어. 전생에 나눈 대화라서 가끔 기시감을 느낄 수 있을 거야."

"그리고 저 떠오를 듯 말 듯한 이름이 있어요."

"응?"

"해랑 관련된 이름 같았는데⋯."

나는 턱을 두 손가락으로 어루만지며 고민했다. 고민 끝에 나는 그 이름이 정확히 떠올랐다.

"아!"

"생각났니?"

"유일식. 맞아요, 유일식이에요. 이 이름만 들어도 울컥하고 가슴이 시려와요. 머릿속에 아마 이 사람과 관련되어 있는 듯한 장면이 스쳐지나간 적이 있는데, 그 기억이 뭔가 이상해요."

"어느 부분이?"

"저희 반 학생과 비슷한 모습을 하고 있어요. 둘의 다른 점이 있다면 저희 반 급우는 학생이고, 유일식이라는 분은 성인으로 추정됐어요."

"너희 반 학생의 모습과 비슷하다고? 그렇다면 너희 반 학생이 전생에 유일식 역할을 했던 거 아닐까?"

"그치만⋯."

나는 말을 멈췄다. 내가 기시감을 느낀 기억은 확실히 이상했기 때문이다.

"그치만?"

"그치만, 제 머릿속을 스쳐지나가는 기억 속에선 우리 반 학생, 그러니까 유일식 씨의 죽은 모습이 보였는 걸요. 흘러내리는 피와 도로도 보였어요. 차 사고 인가요?"

할머니께서는 잠시 고민하는 듯하더니 내게 대답해 주었다.

"과거 네 죽음이 교통사고였어. 죽은 유일식의 모습은 네가 마지막으로 본 전생의 반 친구의 모습이야."

"그럼 지금의 유일식은, 저희 반 친구인가요?"

"그렇지. 둘의 환생이 이렇게 필연적으로 만나야 되는 듯이 이루어지다니. 신기할 따름이야. 너희는 확실히 운명이야."

할머니께선 호호호 웃으셨지만 나는 의문에 가득찬 심각한 표정을 하고 있었다.

'그렇다면, 할머니의 말대로라면, 내 운명이라는 과거 속 유일식은, 내가 사랑할 수 있는 유일한 사람은 지금의 서규민이야.'

나는 다시 병원으로 돌아갔다. 병실에서 규민이를 찾았지만 노란 쪽지만을 발견할 수 있었다. 쪽지에는 이렇게 적혀 있었다.

"학원 수업이 있어서 먼저 가 볼게. 푹 쉬고 내일 학교에서 봐. 사랑해."

나는 쪽지를 보고 혼자 작게 속삭이며 다짐했다.

"네 기억도 돌려줘야겠어."

오늘부터 차근차근 자연스럽게 기억을 되돌리려는 노력을 시작했다. 첫 번째로 규민이에게 금잔화를 선물했다. 노란 금잔화를 보면 뭐라도 떠오르지 않을까 했지만 대답은 시원찮았다.

"금잔화 좋아하는 거 기억해 줬구나. 고마워."

노랗고 고운 금잔화는 확실히 예쁘긴 했다. 기억을 되돌리진 못했지만 금잔화에 뒤쳐지지 않는 규민이의 웃음을 볼 수 있었다.

두 번째로 사고, 특히 차 사고에 관한 언급을 자주했다.

"이번에 뉴스에서 차 사고 얘기를 하더라고."

"그래? 무섭다."

"뭐 드는 생각 없어?"

"응? 딱히? 안타깝다?"

역시나 큰 영향을 주지 않았다.

"휴…."

마음대로 되지 않아 막막한 느낌이 들었다.

마지막 수단이었다. 꿈을 물어보는 것.

"오늘 무슨 꿈 꿨어?"

"갑자기? 딱히 꿈은 안 꿨는데."

그렇게 지속적으로 꿈에 대해 물어보아도 대답은 항상 별다른 꿈을 꾸지 않았다는 것으로 통일되었다. 나는 이미 지칠 대로 지쳐버렸다. 또 스터디 카페 옥상에서 규민이와 따뜻한 커피를 들고 앉아 있는데, 규민이가 물었다.

"요즘 매일같이 꿈 같은 건 왜 물어보는 거야?"

"응?"

"조금 이상해서. 갑자기 금잔화 선물에, 차 사고 뉴스 얘기도 엄청하고, 이번엔 꿈 조사까지. 너 요즘 왜 그래. 무슨 일이라도 있어?"

사실대로 말하면 제 정신이 아닌 걸로 볼게 뻔해서 아무 말도 못했다. 나는 어색한 웃음을 지으며 규민이에게 말했다.

"스터디 카페로 내려갈까?"

"왜 말 돌려. 무슨 일 있는 거 아니지?"

"응, 아니야. 걱정 마."

나는 속으로 생각했다.

'너한테 어떻게 말해….'

규민이가 말을 꺼냈다.

"있잖아, 혹시…."

"응, 왜?"

나는 또 똑같은 질문을 하는 줄 알고 규민이에게 자세한 내용이 아닌 내 곤란한 감정을 말하기로 다짐했다. 나는 먼저 입을 열었다.

"미안, 조금 곤란해서 솔직하게 얘기 못할 거 같아."
"아니 그게 아니라.'
"응?"
"너는 전생을 믿어?"

나는 그대로 굳어버렸다. 아무런 대답도 할 수 없었다. 전생을 믿지만, 그렇다고 하면 이상한 사람으로 보일 것 같았다. 나는 속으로만 솔직히 대답했다.

'응, 믿어. 난 전생을 찾았어. 네 전생도 찾아주려 해. 그러니까 조금만, 조금만 기다려줘. 그 질문에 대답할 수 있는 날까지.'

나는 질문에 아무 말도 못 하겠어서 규민이에게 먼저 떠넘겼다.

"너는?"
"나는 믿어."

예상치 못한 답변이었다. 당연히 안 믿는다고, 왜 이리 유치하냐고 말할 줄 알았지만 규민이는 덤덤하게 노을 속 해를 보며 말했다.

"내가 먼저 물어봤잖아. 너는?"
"나는…."
"왜 대답을 못해. 네 대답에 아무도 비웃지 않아."

나는 '아무도 내 대답에 비웃지 않는다'는 말에 용기가 생겼다.

"나도 믿어."
"그럴 거 같았어."

나는 질문의 의도가 궁금해져서 물었다.

"왜 물어보는 거야?"
"그러게 왜 굳는 거 같아?"
'내가 보기엔….'

왜 묻는 거 같냐는 질문에 대답도 하기 전에 규민이는 나를 예상

관계통 173

치 못한 이름으로 불렀다.

"시월아."

그 이름을 듣고서야 깨달았다.

'규민이는 모르는 게 아니라 내가 먼저 알아 줄 때까지 모르는 척하고 있었던 거였구나.'

내 동그란 눈과 놀란 표정을 보고 규민이가 노을을 배경으로 웃으며 말했다.

"찾았다."

지난날의 기억

내 이름은 서규민. 어릴 적 기억을 되살려서 기록으로 남기기 위해 내 전생을 되찾은 경험, 은서를 만나기까지를 간단히 글로 써 본다.

매일 5시, 우리집 앞 아파트 놀이터. 이 시각, 이 장소에는 항상 너가 있었다. 너는 항상 모래사장에서 소꿉놀이를 하고 있었고 특별히 친구가 없는 나에게 말을 걸어주었다.
"안녕?"
"응? 아, 안녕."
나는 소심한 마음에 낯을 가렸다.
"나랑 같이 소꿉놀이 할래?"
내성적인 성격이라 나는 친구가 없었기 때문에 같이 놀자는 네 제안은 반가웠다. 그래서 나는 바로 수용했다.
"좋아."
우리의 첫만남은 작고 조촐한 모래사장 안에서 시작되었다. 이렇게 말하니까 우리의 만남이 보잘 것 없이 느껴지지만 나에게 만큼은 아니다. 누군가에겐 보잘 것 없을 이 만남이 내게는 소중하기 때문이다. 몇 시간이고 길게 너랑 시간을 보내고 싶어 했지만 너는 6시 정각이 되자 부모님의 손을 잡고 작디작은 네 오른손을 마구 흔들며 인사해 주었다.

"잘 있어!"

"응, 내일 또 봐!"

"그래!"

너에게는 잊혔을지 모르겠지만 너는 나와 '내일 또 봐.' 라는 약속을 했고, 나는 내일의 5시를 기대했다. 네가 '그래!'라고 했다는 이유만으로 또다시 만날 거라는 확신을 하고서.

나는 4시 30분부터 놀이터에 미리 나와 있었다. 너를 최대한 빨리 만나기 위함이었다. 가능한 한 빠르게 너를 만나 조금이라도 더 놀고 싶었을 뿐이었다. 멀리서 너가 부모님과 손을 잡고 놀이터로 들어오고 있었다. 나는 모래사장에서 나뭇잎과 조약돌로 소꿉놀이에 필요한 소품을 만들어 놨다.

"어서 와, 기다리고 있었어."

"우와 이게 다 뭐야? 진짜 손재주 좋구나!"

"응. 이런 만들기 무지 좋아해."

"멋있다, 정말로."

"오늘도 6시에 가야 돼?"

"응…."

"왜?"

"학원 때문에."

그때 당시 나이가 아마 7살이었을 것이다. 그러나 그 어린 나이두

지난날의 기억 177

터 너는 학원에 다니곤 했다. 감당하기 힘들었을 텐데, 지쳐 쓰러지지 않은 점에서 박수가 절로 나왔다. 나는 학원에 관해 궁금하여 물었다.

"무슨 학원인데?"

"영어 학원."

수영이나 미술 같이 즐기면서 할 수 있는 활동적인 과목이라 생각했는데 예상 밖이었다.

"아…. 힘들겠다."

"아니야, 괜찮아. 학원에 다녀오면 부모님이 칭찬해 주시는 걸!"

너는 나를 보며 저 하늘에 떠있는 한 해와 같이 밝게 웃었다. 나는 안쓰러운 마음에 말했다.

"부모님이 칭찬해 주셔도, 이 나이에 벌써 학원을 다니는 건 꽤 무리하는 걸로 아는데 네 건강이 우선 아니야?"

너는 아무 말도 하지 않고 그저 모래사장의 모래알들을 하나하나 바라보고 있었다. 푹 숙였던 고개를 들며 너는 말했다.

"부모님이 칭찬해 주시지 않으면 난 그게 더 힘들어."

"그 정도로 부모님의 칭찬이 고픈 거야?"

"그것도 맞지만, 실수하면 부모님이 사랑해 주지 않아. 나는 부모님의 사랑 없이는 버틸 수 없어. 내가 죽을 만큼 힘들어도 버티면서 사랑받는 게 나아."

나는 의문을 품었다. 이렇게까지 부모님의 사랑에 집착하는 이유가 뭘까? 여러 가지 추리를 해 보았다. 그러나 너는 궁리하고 있는 나를 전혀 신경쓰지 않은 채 해맑게 말했다.

"생각해 보니까 우리 통성명을 안 했네? 자꾸 너, 너거리면서 이름도 모르고 있었어."

"그러게. 나는 서규딘이야. 너는?"

"나는 김은서."

그렇다. 5시마다 나타나는 여자아이의 이름은 김은서이다. 지금 스터디 카페 옥상에 올라가 내 어깨에 기댄 채 내가 글을 쓰는지도 모르고 새근새근 자고 있는 현재 내 여자친구, 김은서.

"나중에 우리집 한번 놀러 와! 상한동 401호야!"

"알았어. 말이라도 고마워."

"아, 6시 다. 나 가 볼게."

"응, 잘 있어 내일 조 봐."

나는 또 내일이 되어서야 돌아올 5시를 기다린다.

침대에 누워 이런저런 생각을 하다가 너무나도 피곤해 금방 잠이 들었다. 나는 이 날 밤에 잊을 수 없는 꿈을 꾸었다.

꿈에서는 한 할머니가 아무것도 없는 하얀 공간을 하염없이 걷고 있었고, 나는 그 할머니에게 왜인지 모르게 이끌리는 듯한 느낌을 받아 그 뒤를 밟았다. 터벅터벅, 아무리 끊임없이 걸어도 끝은 보이지 않았다. 꿈이라서 그럴까, 신기하게도 나는 지치지 않았다. 저 멀리서 하얀 문이 보였다. 할머니께서는 문고리를 당겨 안으로 들어갔다. 물론 나도 따라 들어갔다. 그러나 문안에 할머니는 사라지고, 성인으로 보이는 이유 없이 얼굴이 낯익은 누나가 한 명 있었다. 그 낯익은 누나는 나를 보자마자 달려와서 와락 껴안았다. 당시 7살이었던 나는 누나에게 물었다.

"누나는 누구세요?"

"나잖아, 한시월."

"한시월" 그 이름을 듣자마자 눈에 눈물이 고였다. 그리고 7살의 어린 몸은 사라지고 고등학교 2학년쯤 되어 보이는 학생으로 변했다. 나는 한시월이 누군지 모른다. 아는 사람도 아니고 처음 듣는 이름이다. 그러나 이유 없이 눈물을 주륵주륵 비 오듯 흘러내렸고 나를 껴안고 있는 누나 등에 손을 올리며 더 깊이, 포옥 안겼다. 누군지 모를 그 누나의 품은 따뜻하고 포근했다. 그렇게 아무 말없이 서로를 따스하게 안아주다가 나는 잠에서 깼다. 눈을 떠보니 아침이었고 어머니께서 내 가방을 싸고 계셨다. 꿈에서 깨니 찝찝함이 사라지지 않았다. 속으로 생각했다.

'다시 한 번 더 만날 수만 있다면.'

어린 나이였음에도 불구하고 나는 그 누나의 얼굴도 이름도 생생하게 기억했다. 다시 만날 그날을 기리며.

오늘도 4시 30분부터 모래사장에서 은서를 기다렸다. 멀리서 또 부모님의 손을 잡고 다른 손으로는 내게 인사하며 걸어오는 은서가 무지 반가웠다. 나도 똑같이 은서에게 손을 흔들었다. 우리는 모래사장에서 즐겁게 놀았다. 모래성도 쌓고 매일 하던 소꿉놀이도 하였다. 우리는 모래사장에서 놀다가 지쳐서 잠시 벤치에 앉아서 물을 마셨다. 그때 내가 고백 아닌 고백을 하였다.

"있잖아, 난 네가 제일 좋아. 우리 오랫동안 친구로 지내자."

은서도 대답해 주었다.

"그래!"

은서는 내게 해맑게 웃어주었다. 나는 은서의 해맑은 그 웃음이 너무 좋았다.

"근데 있잖아, 넌 내가 사라지면 어떡할 거야?"

불안한 마음이 들었다. 이런 질문은 곧 본인의 상황을 토대로 만들어지기 때문이다.

"너 어디 가?"

"아니, 내가 가긴 어딜 가. 너랑 놀아야 되는데."

"근데 불안하게 그런 질문은 왜 해?"

"그냥 궁금해서!"

"나는 정말 슬플 거 같아. 너가 사라진 그날을 잊지 못하고 한동안 지루한 하루들을 보내겠지. 그리고 엄청 울 거야."

"에이, 울지는 마. 근데 내가 그 정도로 네게 소중해?"

나는 망설임 없이 대답했다.

"응. 당연하지."

"고마워, 정말로. 너는 참 따뜻한 사람이구나."

"아니야. 너야말로 정말 따뜻한 사람이야."

우리는 서로를 마주보고 해맑게 웃었다. 너는 내게 사랑을 가르쳐 주었다. 누군가가 내 곁에 남아 있어 준다는 게 행복했다. 그러나 그 행복은 그리 오래가지 않았다.

다음날이 되고, 똑같이 4시 30분부터 은서를 기다렸지만, 넌 5시가 한참 지나도 돌아오지 않았다. 무슨 일이 있기라도 한 걸까? 너무 걱정되어 집으로 찾아가 보려고 했지만 그래도 집까지 찾아가진 않았다. 나는 혼자 모래사장에서 나뭇가지를 집어 끄적끄적 네 이름을 썼다.

"김은서."

다음날이 되고, 그리고 또 다음날이 되어도 은서는 돌아오지 않았고 나는 결국 구례할지 몰라도 은서가 알려준 아파트로 찾아갔다. 초인종을 누르자 어떤 여자 분이 대답했다.

"누구세요?"

"안녕하세요. 은서 친군데요, 은서 집에 있나요?"

"은서? 그 어린 여자아이?"

"네, 은서 부모님 아니세요?"

"그 여자애 이사 갔어."

"네?"

여자분은 수신을 거부했다. 나는 절망에 빠졌다. 한동안 놀이터로 찾아오지 않았던 이유가 나도 모르는 새에 이사를 간 거였다니. 역시 불안한 질문의 의도는 본인의 상황을 드러냈던 것이다. 나는 상한동 401호 앞에서 벙찐 채로 약 5분 동안 서 있었다. 눈물이 나려 했지만 나는 꾹 참았다. 은서가 분명 울지 말라고 했었으니까. 나는 집에 도착해서 몇 번이고 은서를 원망하였다.

'나랑 놀아야 된다며. 내가 따뜻한 사람이라며 웃어 줬으면서. 너 정말 미워. 무지무지 미워. 그렇게 다정하게, 따뜻하게 대해 줬으면서.'

너는 결국 내게 사랑을 알려주었지만 알고 싶지 않았던 이별까지 가르쳐 주었다.

현재 17살인 나. 눈 깜빡할 새에 10년이 지나 고등학교 1학년이라는 수식어가 생겼다. 오늘은 고등학교 생활 첫 날이다. 새로운 환경에 놓여진다는 게 내게는 무척이나 기대되는 시작이었다. 나는 신이 난 상태로 내 반을 찾아 들어갔다. 내 고등학교 반은 1학년 1반이었다. 반에 들어가자 처음 보는 얼굴들이 무지 많았다. 나는 내 자리에 앉아 누구보다도 알찬 새 학기를 보내자고 다짐했다. 시작은 좋았다. 그치만 시작만 좋았다.

"쿵."

"아야….'

"반장이라고 나대지 마. 다른 학생들이 만만해?"

정말 어이없는 상황이었다. 내가 1학기 때부터 과반수의 표를 받아 반장이 된 것에 불만이 가득한 한 학생이 애들 몇 명을 끌고 와 나에게 폭력을 썼다.

"아니, 다니, 투표가 그렇게 된 거잖아.'

지칠 대로 지쳐버린 나는 말도 똑바로 할 수 없었다. 숨이 가빠지고 시야는 점점 흐려졌다. 그 뒤를 이어 이명까지 들리는 것 같았다.

"짝."

또 뺨을 맞았다. 오늘 하루만 뺨을 몇 대를 맞은 건지 가늠할 수가 없었다. 너무 아파서 눈물이 나올 거 같았지만 나는 입술을 꽉 깨물고 참았다. 꾸역꾸역 쓰러져 있던 몸을 일으켜 용기를 내 소리쳐 말했다.

"나한테 대체 왜 그러는 거야! 공정한 과정을 거쳤는데도 왜 불만이 있는 거지? 질투가 난다고 해서 폭력을 가하는게 과연 옳다고 생각해? 정말 한심하다는 건 알고 있니?"

"퍽."

나는 골목의 벽에 부딪혀 다시 한 번 쓰러졌다. 학생이 끌고 온 다수의 학생들은 내 꼴을 보고 비웃었다. 정말 비참한 순간이었다. 학생이 나에게 다가와 얼굴을 들이밀고서 말했다.

"얘 봐라? 깡 있다? 이렇게 행동하면 학교 생활 순탄하게 보내기는 어려울 텐데?"

자꾸만 눈물이 흐르려 했지만 나는 나약한 모습을 보이기 싫어, 오히려 학생을 째려보았다. 그때 선생님의 목소리가 들렸다. 아다 학생주임 선생님으로 추정되었다.

"야, 튀어야 돼!"

나를 중심으로 둘러싸고 있던 학생들이 점점 빠지기 시작했다. 학생은 내게 말했다.

"너 내일 학교에서 보자?"

여학생도 도망가는 다수의 학생들의 뒤를 따라 도망갔다. 나는 바지에 묻은 먼지를 탈탈 털고 일어서려 했지만 도무지 힘이 나질 않았다.

"아….".

나는 고개를 들어 하늘을 보며 눈을 감고 신세한탄을 했다. 내 인생이 너무 싫었다. 이렇게 가혹한 것도, 버티기 힘든 것도, 조건 하나하나에 모두 완벽하게 맞춰야 하는 것도. 아무리 해보려고 발버둥쳐도 마음대로 안 이뤄지는 것까지. 그렇게 복잡한 인생을 탓하며 눈을 떴을 때, 탄탄한 동아줄마냥, 마치 한줄기의 빛마냥 김은서, 너가 보였다.

"괜찮으세요?"

'나 드디어 죽는 건가, 꿈을 꾸는 건가. 그래도 오랜만에 봐서 기쁘네, 김은서.'

"괜찮으신 거 맞아요? 왜 아무 말이 없어요."

나는 팔을 뻗어 은서의 볼에 손을 가져다 댔다.

'죽기 전 꿈 치고 생생하기도 해라. 피부 되게 곱고 부드럽다.'

"아니 괜찮으시냐고 물었는데. 저, 저기?"

너무 생생한 나머지 현실인 걸 늦게 자각한 나는 정신이 번쩍 들었다.

"어?"

"정신이 드세요?"

"아, 네."

"저, 그…. 손 좀 떼 주세요."

"네? 아, 네."

나는 뻘쭘한 채로 볼을 어루만지던 손을 뗐다. 그리고 나도 모르게 아는 척을 하며 은서에게 물었다.

"은서야. 너 왜 여기 있어?"

"네? 제 이름은 어떻게?"

'아차, 실수했다.'

나는 자연스러운 척 하기 위해 열심히 머리를 굴렸다. 그때, 은서의 교복의 명찰이 보였다.

"아, 명찰 보고 또래 같아서 함부로 불렀네요. 죄송합니다."

"명찰 보신 거구나. 깜짝 놀랐네요. 그나저나 몸은 괜찮으세요? 피멍투성이에 볼은 또 왜 이렇게 빨개요? 많이 아파 보이는데…."

"괜찮습니다. 걱정 안 하셔도 돼요."

나는 내가 멀쩡한 걸 보여주기 위해 일어서려 했다. 그러나 다리가 너무나도 욱신거려서 일어나지 못했다.

"무리하지 마세요. 어떻게 도와드려야 되지…. 아!"

은서는 가방을 뒤적거리더니 연고를 꺼냈다.

"이걸로 도움이 될진 모르겠지만. 일단은 발라드릴게요. 다리 걷어 보세요."

"괜찮은데. 저 멀쩡해요."

"그러다가 안 나으면 어쩌려고요, 빨리 다리 걷어 보세요."

나는 쭈뼛쭈뼛 다리를 걷었다. 피딩에 연고가 닿을 때마다 나는 움찔거렸다.

"감사합니다."

"별말씀을요. 일어나 보세요."

나는 기운이 돌아 벌떡 일어났다.

"휴, 다행이다. 아프지 마시고 저는 학원으로 가 볼게요! 행복한 하루 보내세요."

"잘 가요."

서서히 사라지는 은서의 뒷모습을 계속 바라보며 중얼거렸다.

"OO고, 분명 교복이 OO고였어."

나는 까먹지 않도록 핸드폰의 메모장을 켰다. 핸드폰을 주머니에 넣어 놔서 다 깨지긴 했지만 그것보다 나는 은서의 고등학교를 기억하는 것이 우선이었다. 메모장에 OO고를 썼다. 나는 속으로 다짐했다.

'널 만나야겠어.'

또 지루한 학교생활의 시작. 나는 등교를 하자마자 나에게 폭력을 가했던 학생을 찾았다. 다행히도 아직 학교에 오지 않은 모양이었다. 반장으로서 선생님께 여쭤볼 것을 여쭤보고, 조금 더러운 거 같아서 내 자리도 치웠다. 내 할일을 모두 끝내고 조금 쉴까 싶을 때에 종이 치고 수업이 시작되었다. 종이 치고 3분 뒤에 그 여학생과 무리들이 들어왔다. 오자마자 나를 째려보더니 또 시비를 걸기 시작했다.

"아이고, 회장님 아니신가? 얘들아 우리 반장님이시잖아, 인사 한 번 올려야지."

다른 남학생도 장단을 맞춰 주었다.

"회장님, 인사 올립니다."

그러더니 내 자리에 침을 뱉었다. 그리고 입에 험한 말들을 담았다.

"죽어. 그냥 죽어."

"왜 살아?"

주변이 궁성웅성거리며 모두가 구경하는 분위기가 되었다. 아무도 도움의 손길을 주지 않고 그저 구경만 하였다. 그치만 나는 아무 말도 하지 않았다. 그저 조용히 핸드폰을 꺼내 녹음된 파일을 틀었다.

"아이고, 회장님 아니신가? 얘들아 우리 반 회장님이시잖아 인사 한번 올려야지. 회장님, 인사 올립니다. 퉤. 죽어 그냥 죽어. 왜 살아?"

대화 내용이 처음부터 끝까지 녹음되었다. 녹음 파일을 듣자마자 여학생은 내 멱살을 잡았고 내게 소리쳤다.

"진짜 죽여버리기 전에 당장 지워!"

"띠링."

동영상 녹화 버튼이 꺼지는 소리가 들리고 여학생과 나는 소리가 나는 쪽을 쳐다보았다. 누군가가 찍은 동영상의 음성이 들렸다.

"진짜 죽여버리기 전에 당장 지워!"

지켜만 보던 학생들은 핸드폰 동영상 녹화 버튼을 켜기 시작했고 다들 멱살이 잡힌 내 모습을 증거로 남겨주었다. 멱살을 잡던 여학생은 그대로 굳어버렸다. 황급히 멱살을 잡았던 손을 놓더니 떨리는 목소리로 소리쳤다.

"당장 영상들 안 지워?"

나는 한마디 했다.

"상황 파악해. 너가 그러고 있는 거까지 찍히고 있다는 거."

여학생은 식은땀을 흘리며 앞문으로 도망가려 했지만 선생님이 타이밍 좋게 수업 때문에 반으로 들어오셨다.

"어디 가니? 수업 종 쳤는데 자리에 앉아야지. 다들 핸드폰은 왜 들고 있어? 다 꺼. 수업 시작하게."

여학생은 뻘쭘하게 자리에 앉아 벙찐 채로 조용히 수업을 들었다. 녹화된 영상과 녹음 파일은 선생님께로 넘어갔고, 여학생은 교내 규칙에 따른 정당한 징계를 받았다.

교장선생님이 나를 따로 불러 물어보았다.

"요즘 학교 생활은 괜찮니?"

"네."

"그런데 전학을 간다니, 여학생은 이제 너랑 부딪힐 일도 없을 텐데 말이야."

"꼭 만나야 하는 사람이 있어서요."


오늘은 OO고로 전학 온 첫날. 반에 들어갔다. 반 친구들이 내 자리로 모여들었다. 나는 반 친구들의 관심을 한몸에 받았다. 다들 이것저것 질문했지만 나는 은서를 찾느라 바빠서 짤막하게 대답했다. 은서를 처음 발견했을 때 은서는 내 무릎 위에 넘어져 있었다. 군중에게 밀려 내 무릎 위로 넘어진 듯하였다. 나는 속으로 생각했다.

'얘는 무슨 등장도 이리 요란해? 아무튼 특이한 애야.'

괜찮냐고 물어보기도 전에 은서는 도망가 버렸다.

은서에게 말을 걸기 위해 1교시에 많은 생각을 했다.

'얘는 나를 기억할까? 아는 척 했다가 모르면 어떡하지? 나한테 연고 발라준 건 기억하지 않을까? 아예 모르나?'

그때 은서가 내게 다가와 사과했다.

"아까 친구들에게 밀려 실수로 넘어진 거야. 너가 많이 당황한 거 같아서 미리 사과해."

"아니야, 괜찮아."

나는 손사래를 치며 괜찮다고 하였다. 은서가 내게 물었다.

"그리고, 괜찮다면 우리 친해질 수 있을까?"

"아, 나는 좋지."

은서는 긴장이라도 한 듯 안도의 한숨을 내쉬었다.

'귀엽네.'

4교시가 끝나고, 점심시간이 다가왔다. 나는 매점에 가 초콜릿 우유를 집었다.

'은서가 좋아할까-?'

그때, 저 멀리서 은서가 매점으로 오고 있었다. 나는 초콜릿 우유를 내려놓고 진열다에 숨어서 은서를 보았다. 은서는 초콜릿 우유를 집었다.

'초콜릿 우유 좋아하는구나.'

은서가 사라지고 나도 초콜릿 우유를 집었다.

내 자리에는 은서가 있었다. 은서는 포스트잇을 꺼내 글을 끄적인 뒤, 초콜릿 우유에 붙였다. 초콜릿 우유를 딱 책상에 올려놓길래, 포스트잇을 보기 위해 자리로 갔다.

은서는 후다닥 자리로 가서 아무 일도 없는 척을 했다. 그리고 눈으로 내 쪽을 바라봤다. 나는 초콜릿 우유를 집어 포스트잇을 확인하고 '픕' 하고 웃었다.

"맛있게 먹어. -김은서"

나는 은서 쪽을 쳐다봤고 은서는 어색하게 창가를 바라보았다.

나는 은서를 톡톡 쳤다. 입꼬리를 살짝 올리고 눈웃음을 지은 채 말했다.

"고마워."

은서가 어버버거리며 대답했다.

"별거 아니야! 그저, 그냥. 정말 미안해서 주는 것일 뿐이야. 혹시나 막 부담 갖고 그럴 필요 없어. 너가 맛있게 먹어줬음 해."

나는 대답했다.

"알았어, 알았어."

너무 귀여워서 나는 은서를 향해 웃어 보였다.

집에 돌아와서 지금 하는 프로그램을 보기 위해 텔레비전을 켰다. 텔레비전에서는 드라마를 하고 있었다. 드라마에선 로맨틱한 대사를 읊고 있었다.

"예쁜 옷을 입었을 때 네게 보여 주고 싶고, 맛있는 걸 먹었을 때 너랑 같이 먹고 싶고, 집에서 편히 휴식을 취할 때 너랑 같이 쉬고 싶어. 언젠가부터 내 모든 의식주는 너가 되었어."

이 멘트를 듣고 나는 생각했다.

'내 의식주는 은서구나.'

다음날이 되고 나는 학교에 등교했다. 별로 친하지도 않은 백시아가 내게 말을 걸어왔다. 백시아는 이런저런 질문을 하며 대화를 시도했지만 나는 은서를 찾느라 바빠서 대충 대답했다. 은서가 보였다. 나는 안심하며 시아의 질문들에 대답하였다.

자고 있던 은서를 지켜보았는데, 은서는 4교시가 끝난 점심시간이 되어서야 깼다. 일어나는 듯하더니 급하게 뭔가를 찾았다. 그러다 은서가 갑자기 쓰러졌다. 나는 깜짝 놀라 은서를 깨워봤지만 일어나지 않았고 선생님을 부른 후에 선생님과 함께 부축해서 당장 보건실로 데려갔다. 보건실에 눕힌 걸 확인한 후에 나는 곁에 잠시 앉아 있다가 푹 자라고 자리에서 일어났다.

'금방 일어나길.'

체육시간이라 축구를 하고 반에 돌아오니 은서가 반 문 앞에 서 있었다.

'일어났구나. 다행이다.'

나는 반으로 들어가기 위해 말했다.

"잠깐 들어가야 돼 서 비켜 줄래?"

"서규민!"

너무 크게 이름을 불러서 나는 깜짝 놀랐다. 은서가 내게 물었다.

"혹시 너가 나를 양호실로 부축해 줬어?"

나는 갑작스러운 부름에 당황한 상태로 어찌저찌 대답했다.

"그치?"

"어떤 상황이었는지 설명해 줄 수 있어?"

"너가 가방에서 뭘 급하게 찾는 듯하더니 갑자기 머리를 쥔 채로 실신했어. 나는 깜짝 놀래서 선생님을 부르고 선생님께서는 부축하는 걸 도와달라고 하셔서 팔로 어깨를 감싸고 부축했지."

"정말 고마워."

"몸은 어때? 괜찮아?"

"괜찮아졌어, 쉰 덕분에 좀 나아진 거 같아."

"나아졌다니 다행이다."

은서는 살짝 웃어 보였다. 속으로 생각했다.

'예쁘다.'

그때, 시아가 은서에게 다가와 말을 걸었다.

"괜찮아 은서야? 내가 얼마나 걱정했는지 알아-?"

"걱정해 줘서 고마워 시아야, 난 괜찮아."

말이 많은 시아가 꺼려져서 자리를 뜨려 하자 눈치 없는 시아는 또 내게 말을 걸었다.

"그리고, 오늘 너가 부축해 줬다며? 정말 멋있다!"

시아는 나를 보고 멋있다며 막 칭찬해 주었다. 나는 예의상 대답했다.

"아, 별거 아니야. 칭찬해 준다니 부끄럽네."

"멋있는 걸 멋있다 하는 거지 뭐가 부끄러워. 귀엽다, 너."

시아는 나를 보고 귀엽다며 내 볼을 손가락으로 쿡쿡 찌르며 장난쳤다. 속으로 생각했다.

'불편하다. 은서가 질투하려나. 아니, 애초에 질투해 주긴 하나?'

다음날, 나는 평소대로 학교에 등교했다. 오늘도 어김없이 시아는 내게 말을 걸었고 나는 내 자리에서 대화를 나누고 있었다. 은서는 자리에 엎드려 잠을 청하려고 했다. 은서를 바라보고 있는데, 시아가 물었다.

"너는 기억을 마음대로 할 수 있다면, 지우고 싶은 기억이 있어? 나는 큰 실수를 했던 경험을 잊고 싶어."

나는 이제 시아의 질문이 너무 지겹지만 어쩔 수 없이 대답했다.

"나는 큰 실수보다 사소한 실수를 했던 경험을 잊고 싶어."

시아가 물었다.

"왜? 큰 실수가 더 부끄럽지 않아?"

나는 은서가 대화를 듣고 있을 거 같아 조금이라도 더 신경써서 대답했다.

"큰 실수는 곧 내게 배움을 주고, 사소한 실수는 내게 쓸데없는 고통만을 안겨 주니까."

은서에게 들리긴 했을까?

오늘은 과학시간에 수행평가로 모둠 활동을 하기로 했다. 나는 은서와 모둠이 되기만을 간절히 바랐다.

'제발, 김은서와 같은 모둠이 되길.'

내 모둠 편성은 성공적이었다. 나는 백시아, 김은서와 이다경이라는 소심하고 조용한 아이와 편성되었다.

'은서와 더 가까워질 수 있는 기회야!'

모둠끼리 같이 앉은 뒤, 나는 들뜬 마음을 진정시켰다. 은서가 책임감 있게 먼저 말했다.

"일단 첫날이니까, 우리 역할 분담부터 하자."

시아가 대답해 주었다.

"나는 발표 맡고 싶어. 혹시 발표 맡고 싶은 이 있어?"

나는 눈치를 보다가 다경이에게 먼저 물으려고 입을 열었으나 나 대신 은서가 다경이에게 물어봐 주었다.

"다경아, 너는 무슨 역할 하고 싶어? 발표는 시아가 한다니까 자료나, 디자인 중 고르면 될 거 같아."

다경이가 작은 목소리로 말했다.

"자료 맡을게."

은서가 아닌 시아가 내게 물었다.

"규민아, 너는 무슨 역할 맡고 싶어? 혹시 발표 맡고 싶어?"

나는 시아의 질문에 대답했다.

"아니야. 나는 디자인 맡을게."

은서가 말했다.

"나는 다경이랑 남은 역할인 자료 맡을게."

이렇게 서로의 역할을 지정한 뒤, 우리는 모둠 내에서 해야 하는 활동들에 관해 논했다. 우리는 서로 합이 잘 맞았다. 각자의 의견을 존중해 주고 배려하는 자세를 지니고 있는 게 보기 좋았다. 리더십 있는 은서가 말했다.

"대충 서로의 의견을 들었으니, 콘티만 짜면 될 거 같아."

우리는 각자 맡은 역할에 충실하였다. 종이 치는 소리가 들리고 각자 자리로 돌아갔다. 다 같이 합이 잘 맞아서인지, 수행평가를 잘 마무리 할 수 있을 것만 같았다.

전생의 비밀

하교를 하는데, 은서가 어두컴컴한 골목 안쪽으로 들어가고 있었다. 나는 은서에게 다가가 인사하려 했지만 은서가 그 골목 안으로 깊숙이 들어가며 인사할 타이밍을 놓쳤다.

'골목을 왜 들어가지?'

나도 같이 들어가면 은서를 따라간 꼴이 되어 오해 받을 거 같아서 발길을 옮겨 내 갈 길을 갔다.

'빨리 학원이나 가야겠다.'

다음날이 되고, 나는 심부름을 하고 오는 길에 은서가 갔던 골목을 지나치다가 호기심이 생겨 그 골목 안쪽으로 들어갔다. 골목 안쪽에는 상점으로 보이는 곳이 하나 있었다. 나는 그 상점의 낡은 간판을 읽었다.

'기억상점?'

나는 기억상점 안으로 들어갔다.

"안녕하세요."

"어서 와요."

기억상점에는 꽤 나이가 드신 할머니께서 계셨다. 이상하게도, 그 할머니는 나랑 만난 적이라도 있는 듯 왜인지 친근했다.

"여기는 뭐하는 곳인가요?"

"기억상점은 자신의 과거 기억에 대해 묻거나, 지워주거나, 아니면 현재 기억을 절대 잊을 수 없도록, 확실하게 각인해 주는 상점이야. 너가 원한다면 현생의 기억을 각인시켜 후생까지 기억할 수도 있는 거고, 전생의 기억에 대해 물을 수도 있는 거야."

할머니께서는 알약 하나를 손에 올려 보여 주셨다.

"이 알약 하나로 지우거나 각인시킬 수 있어. 그러나 각인시킨 기억에는 부작용이 있어. 이 종이 봐 봐."

할머니께서 건네준 종이에 적힌 내용은 이러하였다.

부작용 첫 번째, 전생에 각인시킨 기억은 각인시킨 순간부터 다음 생, 다다음 생 그리고 반복적으로 생산되는 생들 속에서 지속적으로 각인할 수 있는 게 아니다.

예를 들어 이번 생에 각인시킨 기억은 다음 생을 마주하게 된다고 하더라도, 다음 생의 시작부터 끝까지 계속해서 기억할 수는 없다. 각인시킨 기억은 때가 되면 돌아오는 것이다. 다음 생에 언제쯤 각인시킨 기억이 돌아올지는 본인의 기억, 그 스스로만 알고 있다.

부작용 두 번째, 규칙적이지 않은 고통이 생길 수 있다. 머리가 갑자기 깨질듯이 아프거나, 숨이 턱 막히는 듯한 느낌을 받을 수도 있고, 원인을 알 수 없는 스트레스가 느껴질 수도 있다.

부작용 세 번째, 사랑을 쉽게 느낄 수 없을 것이다. 전생에 사랑했던, 그때 그 시절의 진정한 운명의 상대를 만나지 않는 이상, 그 사람 이외의 사람에게는 사랑을 쉽게 느끼지 못할 것이다.

믿기지는 않았지만 속는 셈 치고 한번 도전해 보기로 했다. 나는 시아와 나눴던 대화가 떠올랐다. 만약 기억을 마음대로 할 수 있다면, 내가 지우고 싶은 기억이 있냐는 질문. 나는 그 질문에 논리적으로 대답했었다.

'나는 큰 실수보다 사소한 실수를 했던 경험을 잊고 싶어. 큰 실수는 곧 내게 배움을 주고, 사소한 실수는 내게 쓸데없는 고통만을 안겨주니까.'

나는 스스로 대답해 놓고 내 대답에 만족했다. 이 대화를 바탕으로 나는 지우고 싶은 또는 각인시키고 싶은 기억에 대해 생각했다.

'맞아, 같은 반 여학생한테 심하게 구타를 당했던 경험. 그게 내게 아마 트라우마로 남았었지. 그 기억을 잊고 싶어.'

나는 할머니께 말했다.

"고등학교 1학년 때 한 여학생에게 심하게 구타를 당한 기억을 지우고 싶어요. 가격은 어떻게 되나요?"

"질문이나 요구사항 하나당 만 원만 지불하면 돼."

나는 할머니께 만 원 한 장을 건넸다.

"어떤 과정을 거쳐야 하나요?"

"너는 더이상 기억을 지울 수 없어."

"네?"

"이미 각인시킨 적이 있거든."

이게 무슨 뚱딴지 같은 소린지…. 나는 의문에 가득찬 말투로 여쭈었다.

"그게 무슨 말인지?"

"너는 이미 환생하기 전 과거, 그러니까 전생에 이미 기억을 각인시킨 적이 있어."

"전 기억 나지 않는 걸요."

"당연하지, 전생의 기억이니까. 기억 안 나? 내가 했던 말. '전생에 각인시킨 기억은 지속적으로 간직할 수 있는게 아니다. 각인시킨 기억은 때가 되면 돌아온다.'"

나는 정리가 되지도, 이해가 가지도 않는 이 상황이 혼란스러웠다.

"더 물어볼 거 있니?"

"아니요.. 이만 가보겠습니다. 안녕히 계세요."

나는 공손하게 인사를 드리고 상점을 나왔다. 내가 마법이라도 걸린 듯, 누군가에겐 말도 안 된다고 생각할 수 있는 전생, 기억 얘기를 난 이유 없이 믿게 되었다. 마치 진짜로 과거의 내가 기억을 각인시킨 것마냥.

아침에 눈을 뜨니 두통이 미친듯이 몰려왔다. 당장이라도 기절할 것만 같을 정도로 심하게 아팠다. 머리가 너무 아파서 서랍을 뒤져 두통약을 찾았지만 약이 하나도 없었다.

'젠장….'

나는 결국 두통을 못 이겨 쓰러지고 말았다.

"세상에 어떡해. 사고 났나 봐."

"교통사고야? 심하게 났네."

"역주행하는 차에 부딪혔대!"

"괜찮아요? 저기요 일어나 보세요. 아가씨! 총각!"

'으윽. 힘들어….'

웅성웅성 거리는 사람들의 소리에 상황을 보기 위해 눈을 뜨려고 했다. 그러나 눈을 뜨려고 아무리 시도해 보아도 너무 힘이 들어 눈이 제멋대로 감겼다. 안간힘을 들여 눈을 게슴츠레 뜨자 나는 성인 남성의 몸이 되어 있었고, 온몸에서 피를 줄줄 흘리며 도롯가에 누워 있었다.

'이게 대체 무슨 일이지? 이 모습은 내 모습이 아닌데? 나 지금 사고… 당한 건가?'

상황을 파악하기도 전에 나는 너무나도 지쳐 다시 눈을 감았다.

내가 환상을 보는 걸까. 눈을 떴을 때는 알 수 없는 공간에 있었다. 나는 하얀 옷을 입고 굽이 없는 하얀 구두를 한 짝만 신고 있었다. 한시월, 그 어릴 적 꿈에서 나온 누나가 나를 깨우고 있었다.

"일식아, 일어나. 이제 가야지."

나는 정신을 차리고 일어나서 앉았다.

"간다니? 어딜 가요, 누나?"

"누나? 시월이라 불러야지, 일식아."

그제서야 이 상황을 이해할 수 있었다. 현재의 나는 분명 서규민이지만, 유일식은 내 전생의 이름이고, 방금 본 건 유일식의 과거의 기억 중 하나인 걸. 그리고 지금 보고 있는 것 또한 유일식의 1인칭 시점의 기억으로 추정된다. 이게 꿈인지 뭔지 매우 혼란스러웠다. 나는 당장 이 상황에 대해 묻기 위해 입을 열었다. 그러나 뭔가 이상했다.

'그럼 저 뒤에 계신 다른 분들은 누구시지?'

내가 시력이 안 좋은 편은 아니다. 그런데 아무리 봐도 저 뒤에 있는 두 사람, 유일식과 한시월, 그러니까 나와 한시월 누나의 외관을 하고 있었다.

예전에 이런 글을 본적이 있다. 저승사자들은 죽은 이들을 쉽게 데려가기 위해 그 사람의 첫사랑의 얼굴을 하고 데려간다는 글. 나는 그 글을 보고는 그게 가능한 일이냐며 비웃었지만 어쩌면 지금 상황에 마땅한 이유가 될 수도 있을지도 모르겠다. 덕분에 나는 상황을 이해할 수 있었다. 한시월 누나에게 첫사랑은 나, 유일식이고 내 첫사랑은 한시월 누나이기에 저승사자가 나를 데려가려고 서로의 첫사랑의 외관을 하고 있는 것이란 걸, 게다가 지금 나를 깨우는 한시월 누나도 유일식의 첫사랑의 외관을 한 저승사자인 걸. 나는 이 상황이 무섭지만 용기 내어 뒤에 저승사자와 함께 있는 한시월 누나에게 소리쳤다.

"한시월 누나! 정신차려! 그 사람이 널 저승으로 데려가려는 거야! 그는 저승사자야! 나, 유일식이 아니라고!"

내 앞에 있는 한시월 누나의 모습을 한 저승사자의 표정이 차갑게 식었다. 그러더니 '펑' 소리가 났고 저승사자는 본래의 모습을 드러냈다.

"눈치가 빠르구나. 그래도 네 운명은 이미 죽음으로 정해진 상태야. 이를 받아들여."

"한시월 누나! 내 말 안 들려?"

무서운 이 상황 때문에 온몸이 덜덜 떨리고 눈물을 주룩주룩 흘렸지만 내 굳은 의지 덕에 저승사자가 내 손목을 잡고 있는 걸 뿌리쳤다. 나는 한시월 누나에게로 달려갔다. 그러나 무슨 투명한 유리막이라도 있는 듯 한시월 누나에게 닿을 수는 없었다. 나는 모든 힘을 동원해 유리를 깨부수려 했지만 마음대로 되지 않았다. 절망적이었다. 저승사자는 유리막에 기대 울고 있는 나를 배가 띄워져 있는 강 쪽으로 끌고 갔다. 한시월 누나가 탄 배는 이미 떠난 듯해 보였다. 이미 내 힘이 쭉 빠져 저승사자의 힘을 이기지 못해 그 배에 올라타려고 할 때.

"헉!"

"규민아, 너가 왜 여기 있어."

"엄마?"

운이 좋았다. 딱 그 순간에 엄마가 퇴근하고 돌아오신 것인지 나를 깨웠다. 엄마가 울먹거리며 말했다.

"그래, 엄마야. 너가 왜 방바닥에 누워 있어. 쓰러진 거야? 평소에 편두통이 있더니…. 얼마나 쓰러져 있었어? 학교는 다녀왔니?"

"아니요…."

시간은 저녁 7시. 학교에 가기에는 충분히 늦은 시간이었다. 엄마는 나를 와락 껴안아 주셨다. 그리고 눈물을 흘리며 울먹거리는 목소리로 말하셨다.

"내 아들 고생하네. 괜찮아, 괜찮아. 내일 병원부터 가자."

엄마는 나를 일으켜 세우기 위해 내 손목을 잡았다. 나는 그 손을 뿌리쳤다. 엄마에게 말했다.

"엄마, 저 가 봐야 할 곳이 있어요. 정말 죄송해요."

나는 집 문을 열고 바로 기억상점이 있는 곳으로 향했다.

"얘! 어디 가니!"

급하게 달렸더니 숨이 가빠졌다. 기억상점 문을 확 열었다. 잘못하면 유리 문이 깨질 뻔했다. 문에 달린 종은 경쾌한 소리를 내었다.

"할머니! 할머니!"

"어서 와. 오늘따라 왜 이리 마음이 급하니? 깜짝 놀랐잖아."

"할머니, 저 오늘 이상한 꿈을 꿨어요. 아마 제가 유일식이었던 전생의 기억 같아요. 저 기억이 돌아오려는 징조일까요?"

"어디 한 번 내용을 차근차근 들어 보자꾸나."

나는 오늘 겪었던 일에 대해 하나도 빠짐없이 얘기했다. 두통으로 쓰러졌던 일, 그리고 오늘 꿨던 꿈의 내용. 나는 떨리는 손을 주체하지 못하며 진지하게 설명했지만, 할머니는 자기 손자를 보듯 인자하게 웃으며 내 이야기를 차근차근 들어주셨다.

"그 꿈은 네 전생에 대한 기억이 맞아. 유일식, 네 전생의 몸이 죽었던 순간과 저승으로 갔을 때의 기억이 네게 꿈으로 드러났나 보구나."

"그럼 제 전생의 이름은, '유일식'이군요."

"맞아."

퍼즐 조각들이 하나씩 맞춰지기 시작했다. 내가 꿨던 꿈은 전생의 기억이고, 유일식은 내 전생의 이름이었다. 그럼 이제 내가 해야 될 일은, 한시월, 김은서의 기억을 되돌리는 일밖에 남지 않았다.

오늘은 정상적으로 등교했다. 모둠 활동이 있었기에 빠지면 민폐가 되기 때문이다. 다경이도 제대로 조사를 해 와서 활동에 큰 지장이 없었다. 우리는 모둠 활동 관련해 연락을 하기 위해 전화번호를 공유했다. 덕분에 은서의 전화번호도 받을 수 있었다. 학교를 마치고 집에 도착했을 때 나는 모둠 활동 단톡방에 초대되어 있었다. 나도 채팅에 껴서 같이 모둠 활동 관련 대화를 나누는데 은서에게 먼저 개인 메시지가 왔다. 처음으로 개인적인 대화를 시작한 것이기에 괜히 떨렸다. 쿵쾅거리는 심장을 진정시키고 차근차근 대화를 이어나갔다. 모둠 활동 관련된 질문과 아이디어 제공에 대해 얘기하고 우리는 서로 좋은 저녁 보내라면서 훈훈하게 마무리를 했다. 딱히 한 것도 없으면서 내 심장은 다시 미친듯이 뛰어댔다. 침대에 누워 이불을 머리끝까지 덮었다. 나는 내일도 은서를 만날 생각에 기대가 잔뜩 부풀어 올랐다.

다음날이 되고, 시간이 없어 병원에 가지 못해서일까, 두통은 더 심해진 채로 내게 다시 돌아왔다. 나는 쓰러지기 전에 엄마한테 전화했다. 엄마는 내 전화를 받고 당장 집으로 달려와 주셨다. 엄마가 급히 달려와 주신 덕에 나는 침대 위에서 휴식을 취할 수 있었다. 1시간 정도 자고 일어나, 나는 엄마와 함께 병원에 갔다. 가서 진단을 받아보니 의사의 말로는 별 이상이 없다고 한다. 엄마는 그 말을 듣고 어이가 없어서 의사에게 따졌다.
"애가 쓰러질 정도로 아파하는데 아무 이상이 없다고요?"
"보다시피 그렇습니다."
"아니, 말도 안 돼요!"
"엄마, 그만해."
그만하라는 내 말에 엄마는 내 손을 잡고 진료실 문을 열 때까지 의사를 째려봤다. 진료실을 나와, 엄마는 한숨을 푹 쉬셨다. 그리고 내 어깨를 잡고 말씀하셨다.
"규민아, 혹시 무슨 일 있니? 저번에도 아픈 상태인데 어딘가로 막 뛰쳐나가고 의심스러워서. 혹시나 또 괴롭힘 받거나 그런 거 아니지?"
"아니에요 엄마. 걱정 마세요."
"아들, 쉽게 상처 받으면 안 돼. 돌처럼 단단하고 굳건한 네 마음을 다른 사람들이 가볍게 여기면 안 된다는 말이야. 너는 이 엄마에게 너무 소중하고 사랑받는 존재니까. 너에 대해 아무것도 모르는 사람들에게 감정 소비할 필요 없어. 누가 뭐라든 결국 너는 너라는 게 중요하니까."

"네, 엄다."

"띠리링."

그때 핸드폰이 울렸다.

"연락 받으렴."

나는 주머니에 있던 핸드폰을 꺼내 연락을 확인했다. 연락의 주인공은 김은서였다.

"오늘 왜 학교 안 왔어?"

학교어 안 갔다는 이유로 걱정하는 문자를 보내다니. 나름 감동이었다. 나는 빠르게 연락에 답장을 했다.

"두통 때문에 병원에 가느라 학교를 못 갔어."

"괜찮아? 두통 많이 심해?"

"응, 괜찮아. 별르 안심해."

"다행이다. 오늘은 푹 쉬어."

"응. 고마워. 내일 학교에서 보자."

"응!"

은서의 해맑은 기소가 내 눈 앞을 아른거렸다.

'넌 정말 친절하고 다정한 사람이야.'

의사-의 대답은 도움이 되지 않았지만 어쨌든 어제 학교를 빠지고 병원을 다녀왔기 때문에 오늘의 나는 평소와 같이 학교에 등교했다.

"좋은 아침!"

은서가 기운찬 목소리로 내게 아침인사를 하였다.

"좋은 아침."

물론 나도 받아주었다.

"몸은 좀 괜찮아?"

은서는 고맙게도 나를 걱정해 주며 괜찮냐고 물었다.

"괜찮아. 어제부터 걱정해 줘서 고마워."

"아니야, 친구가 아프다는 데 당연히 걱정해 줘야지."

나는 은서의 고운 마음에 감동해 살짝 눈웃음을 지었다. 오늘 하루는 알차게 시작할 수 있을 거 같다.

학교 활동 중에 소원팔찌 만들기를 하였다. 나는 손재주가 좋지 않아, 얇은 실을 자꾸만 끊어뜨렸다. 은서는 손재주가 좋은 건지 빠르게 자기 소원팔찌를 완성하고 다른 친구들의 만드는 과정을 도와주었다. 내 소원팔찌를 만드는 과정 또한 도와주었다. 열심히 소원팔찌를 마무리 시키고 숨을 돌렸다. 나는 소원팔찌에게 빌 소원을 생각했다.

'무슨 소원을 빌어야 하지?'

식상한 거는 하고 싶지 않고, 그렇다고 너무 과도한 부탁은 소원팔찌가 들어주지 않을 것 같았다. 소원팔찌에 빌 소원을 생각하면 주변을 둘러보았다. 고개를 돌리니 은서가 멀리 있었음에도 불구하고 가장 눈에 띄었다. 나는 은서를 바라보다가 무슨 소원을 빌지 결심했다. 눈을 감고 손목에 소원팔찌를 찬 채로 소원을 간절히 빌었다.

'항상 고마운 은서에게 저도 행복을 줄 수 있는 존재가 되게 해 주세요.'

나름대로 만족스러운 소원이었다. 다음으로 나는 할일이 없어 책상에 엎드려서 잠에 들었다.

"일어나 일어나라고! 안 일어나? 안 일어나?"

"짝. 짝."

지독한 악몽을 꾸는 모양이었다. 그러나 꿈 치고는 너무나도 생생했고 너무나도 고통스러웠다. 나는 지쳐 쓰러질 때까지 수도 없이 뺨을 맞았고 이 상태로는 두발로 일어서는 것 조차 버거웠다. 나는 잘 나오지도 않는 목소리를 힘겹게 내며 말했다.

"그만, 그만해."

"야, 애 죽겠어."

"뭔 걱정이야? 그냥 죽이지 뭐."

"퍽. 푼."

머리채를 잡고 발로 걷어차고, 뺨을 때리며 끝도 없이 이어지는 폭행. 나는 더이상 버틸 수 없을 거 같았다. 이 악몽에서 벗어나기 위해 잠을 깨는 수를 찾았다. 나는 맞고 있는 와중에도 온 정신을 뇌에 집중해 잠에서 깨려고 하였다.

"헉."

다행히도 성공적이었다. 일어났을 때는 점심시간이었다. 나는 급식을 받으러 자리에서 일어났다.

주말이 다가왔다. 나는 잠을 한숨도 자지 못하였다. 자꾸만 똑같은 꿈을 꾸었고, 그 꿈에서 벗어나는 것은 내 마음대로 되지 않았으며 나는 점점 미쳐가는 듯하였다. 잠을 자지 못해 얼굴이 완전히 초췌해졌음에도 불구하고 나는 해야 할 일은 다 해결하려고 노력하였다. 나는 오늘 일정대로 스터디 카페에 갔다. 조석에 앉아 문제를 푸는 데 자꾸만 밀려오는 두통에, 계속 떠오르는 악몽에 풀릴 기미가 보이지 않는 문제들. 이것 때문에 너무나도 고통스러워서 나는 머리

전생의 비밀

를 좀 식힐 겸 옥상으로 올라갔다. 상쾌한 공기라도 마시려고 옥상에 올라간 건데, 드디어 미치기라도 한 건지 난간 쪽에 눈이 갔다.

'그래, 이렇게 고통스러운 삶. 차라리 죽음이 더 내게 안정감을 줄지도 몰라.'

잠에 들지 못해 충혈된 눈에, 피로가 쌓인, 충분히 말라 버린 몸을 이끌고 나는 성큼성큼 난간 쪽으로 걸어갔다. 그리고 난간 끄트머리에 다다라서 당장이라도 떨어질듯 불안한 위치에 있을 때.

"위험해요!"

누군가 내 허리를 잡고 난간으로부터 떨어트렸다. 힘이 부족한 여학생이라 그런지 나와 여학생은 넘어지고 말았다.

"헉, 헉. 괜찮으세요?"

"으윽, 아파…."

나는 고개를 들어 그 여학생의 얼굴을 확인하고 식겁했다. 나를 살리려고 허리를 붙잡아 몸을 던진 그 여학생은 김은서였다.

"서규민…?"

"어? 김은서?"

"뭐야, 너가 왜 여기 있어? 무엇보다도 왜 그리 위험한 행동을 하고 있어? 너 잘못하면 죽을 뻔했어."

나는 고개를 숙이고 말했다.

"알아."

"뭐?"

예상치 못한 대답에 은서는 당황한 눈치였다. 나는 솔직하게 대답했다.

"알고 있었다고. 죽을 뻔했던 거."

은서는 토끼눈이 된 채로 내게 물었다.

"죽을 걸 알고서도 의도한 거야?"

"응."

무슨 말을 해야 할지, 어디서부터 설명해야 될지 몰라서 우리는 조금의 침묵을 유지했다. 그러다 결국 은서가 입을 열었다.

"괜찮아?"

이런 재수없는 상황에 나는 생각했다.

'또 복잡해지겠네.'

가식적으로 굴 생각은 없었다. 나는 솔직한 내 심정을 말했다.

"아니."

은서가 물었다.

"무슨 일이야?"

나는 아무 말도 하지 못했다. 은서는 내게 말했다.

"내가 도움이 될진 사실 나도 모르겠어. 근데 내 생각엔 혼자 해결하려는 것보다 다른 사람과 함께 덜어내는 게 조금 더 도움이 될 거 같아. 남들에게 네 이야기를 하는 것만으로도 위로가 되기도 하니까."

나는 또 말이 없었다. 그러나 계속되는 침묵이 어색해 결국 입을 열었다.

"계속되는 스트레스로 인한 두통, 그리고 자꾸만 과거를 회상시키는 악몽들. 이 둘 때문에 잠도 제대로 못 자서 몸이 안 좋아. 약으로 해결해보려 했지만 두통과 악몽을 일시적으로 멈추는 건 가능하더라도 마음대로 조절할 순 없었어. 오늘도 스터디 카페에서 애써 문제를 풀려고 하보았지만 잘 풀리지 않았어. 결국 나는 펜을 내려놓고 옥상에 올라왔고, 이 사단이 난 거야. 나도 내가 왜 그랬는지는 모르겠다. 잠이 부족해서 순간적으로 미쳤었나 봐. 결과적으로 나는

전생의 비밀

살아가는 용기를 잃었고 죽으려는 데에서만 용기를 찾으려 했어. 나 앞으로 어떻게 해야 할지 모르겠어." 내 목소리는 점점 울먹거렸다. 숨은 점점 더 거칠어졌고, 나는 숙이고 있던 고개를 들어 눈물 가득한 얼굴을 은서에게 보여주었다.

'이게 무슨 민폐야…. 은서에게 너무 미안해…. 당황스러울 텐데.'

이런 생각을 하면서도 나는 쌓인 게 많았는지 입이 닫히지 않았다.

"내게는 죽음만이 답인 것처럼 느껴져. 지금도 내가 약한 모습 보이는 게 매우 수치스러워. 너랑 아직은 친해지는 단계인데, 눈물 고인 눈을 보이는 게 창피해."

은서는 내 등을 토닥여 줬다. 은서는 시멘트 속 작게 피어 있는 민들레를 보더니 내게 말했다.

"너 그거 알아? 민들레의 꽃말은 행복과 감사인 거. 그래서 저렇게 시멘트 같은 곳에 피어 있는 민들레들을 보면 이런 생각이 들어. '아, 민들레도 저렇게 힘겹게 피어나서 행복과 감사라는 꽃말을 갖고 버텨나가는데 민들레보다 더 힘든 상황에 놓여 있지도 않은 나는, 민들레보다 더 크고 아름다운 꽃으로 피어날 수 있지 않을까?'라고 말이야. 근데 있잖아, 내가 보기엔 넌 이미 크고 아름다운 꽃으로 피어난 거 같아. 그리고 앞으로 더 아름다워지고 더 커질 수 있을 거야."

은서는 나에게 금잔화 자수가 새겨진 손수건을 주었다.

"이걸로 눈물 닦아."

나는 떨리는 목소리로 말했다.

"고마워."

그 후에 우리는 옥상 벤치에서 즐거운 대화를 나눴다. 그렇게 눈물 가득한 얼굴을 하고 있었음에도 불구하고 은서와 대화하는 동안에는 눈물이 마르고 웃음꽃이 활짝 피었다. 나는 손수건을 보고 말했다.

"있잖아, 나 금잔화 엄청 좋아한다?"

"아 진짜? 몰랐네."

"응, 예쁘잖아. 근데 금잔화 꽃말 뭔지 알아?"

"이별의 슬픔 아니야?"

"응, 맞아. 사람들이 이별의 슬픔이라는 꽃말 때문에서인지 자꾸 편견을 가져. 진짜 예쁜데 말이야. 그래서 나는 꽃말에 의의를 두지 않아. 꽃말을 보고 그 꽃을 부정적으로 바라보기엔 아름다운 꽃들이 너무나도 많으니까."

"너는 꽃의 그 모습 그대로를 보는구나. 그런 가치관이 정말 멋지다."

"그마워. 나는 인간관계도 마찬가진 거 같다. 그런 사람들 있잖아, 소문이 조금 부정적인 사람들. 나는 소문이 부정적인 사람들을 부정적으로 보는 사람들이 오히려 이해가 안가. 한마디도 안 해봤으면서, 그 사람의 가치관을 들여다 본 적도 없으면서 말이야."

나름대로 말을 잘한 거 같아 스스로 뿌듯했다. 은서는 나를 보며 살짝 미소 지었다. 금잔화만큼이나 예뻤다

다음날, 부모님이 짐 옮기는 걸 도와드리고 침대에 누워 휴식을 취하고 있던 때였다. sns를 막 돌아다니다가 은서sns의 프로필 사진을 확인하였다. 해바라기 밭에서 찍은 사진인 것 같았다. 노란 해바라기 속에서도 유독 눈에 띄는 어여쁨이었다. 나는 평소 자주 쓰는 일상 글을 블로그에 올리기 위해 블로그 앱을 켰다. 이번에 쓴 글은

'진실게임'에 관한 글이었다. 나는 그 글을 바로 게시했다. 글의 내용은 대강 이러했다.

진실게임이라고 아시나요? 서로 질문을 주고받으면서 대답하지 않으면 벌칙, 대답을 거짓으로 말했을 경우 같이 게임을 하는 친구들로부터 저주를 받는 게임인데요. 그래서 진실게임을 시작하기 전 서로 약속을 합니다. 거짓을 말하면 상대가 준 저주를 받는 걸로요.

혹시 아직도 어색한 친구가 있나요? 아니면 사귄 지 며칠 안 된 연인과 알아가는 시간이 필요한가요? 이 게임을 해보세요! 서로를 알아가는 데에는 확실히 직빵입니다.

그 글을 올리고 블로그 앱을 끄니, 은서의 프로필 사진이 다시 보였다. 진실게임에 관련된 글을 올리고 나니, 이유 없는 용기가 생겼다. 나는 은서에게 같이 진실게임을 하자는 제안을 했다
"뭐해?"
무언가 어색해 보이지만 용기 있는 첫마디였다. 나는 다음 메시지를 통해 바로 본론을 꺼냈다.
"지금 심심하면 나랑 진실게임 해볼래?"
1초, 2초. 매 초가 흐를 때마다 나는 온몸에 식은땀이 났다. 불안하고 거절당할까 봐 두려운 그때, 핸드폰 알람소리가 울렸다.
"좋아."
나는 마치 큰 대회에서 우승을 한 듯한 큰 성취감을 느꼈다. 진실게임을 하자고 제안한 입장으로서, 내가 먼저 질문을 건넸다. 처음

부터 곤란한 질문을 하면 당황스러울 수 있으니, 취미와 같은 간단한 질문부터 묻기로 다짐했다. 나는 타자를 두드렸다.

"너는 취미가 뭐야?"

"나는 그림 그리는 거 좋아해."

다음은 은서 차례 였다. 내게 무슨 질문을 할까, 나에 대해 어느 점이 궁금할까. 설레기도 하였지만 왠지 긴장도 하게 되었다.

"너는 평소 여가시간을 어떻게 보내?"

"나는 근처로 밖에 나가서 야경 보는 걸 좋아해."

"정말? 나돈데, 우리 나중에 기회되면 한번 같이 야경 보러 가자."

적극적인 은서의 태도가 정말 의외였다. 나는 침대에 누워 은서와 같이 야경을 보러 가는 상상을 했다. 은서와 야경을 보러 가는 상상은 나의 입꼬리가 귀에 걸리도록 하였다. 상상은 그만 멈추고, 나는 은서의 질문에 흔쾌히 대답했다.

"좋아."

나는 계속해서 질문을 이어갔다.

"너는 무슨 음식 좋아해?"

"머랭 쿠키랑 팬케이크 좋아해."

"나랑 똑같네. 너도 단 거 좋아하는구나?"

"응, 무지."

진실게임 덕에 많은 걸 알 수 있었다. 은서가 좋아하는 취미나, 좋아하는 음식 등을 말이다. 거절당할까 봐 매우 불안했지만 나름 용기 있었던 내 진실게임을 하자는 제안이 후회없게 느껴졌다. 다음은 은서 차례였다. 나는 다음 질문을 미리 머릿속으로 생각해 놨다. 다시 한 번 용기있게 좋아하는 사람이 있냐고 물을 생각이었다. 그러나 은서의 다음 질문은 내 계획을 망가뜨렸다.

전생의 비밀

"좋아하는 사람 있어?"

이런. 내 질문이었는데 뺏기고 말았다. 대답하기 쉽지 않아 질문할 생각이었는데, 은서가 먼저 질문할 것이라고는 예상치 못했다. 어떻게 대답할지 매우 혼란스러웠다. 타자를 몇 번이고 두드렸지만 가장 이상적인 답변은 역시나 나오지 않았다.

'무슨 말로 잘 둘러댈 수 있을지 모르겠다. 어찌저찌 둘러댈 수 있는 질문들과 달리 좋아하는 사람이 있냐는 질문은 '네, 아니요'로 밖에 대답 못하잖아! 아, 정말 모르겠다.'

오랜 고민 끝에 나는 솔직하게 답변하기로 마음먹었다.

"응."

후회는 없었다.

오늘은 회장선거를 하는 날이다. 나는 부회장 자리보다 회장 자리가 탐나, 전학을 와 친구들과 아직 어색함에도 불구하고 회장 자리를 노렸다. 우리 학교는 회장 선거와 부회장 선거를 따로 하는 형식이라 나는 회장선거에만 출마했다. 다행히도 회장 선거의 결과는 당선이었다. 당선된 부회장은 은서였다. 나는 친구들 앞에서 성실한 반장이 되기를, 은서는 모범적인 부반장이 되기를 약속하고 회장 선거를 마치게 되었다. 나는 은서와 같은 임원이라는 이유로 계속해서 대화를 이어나갔다. 정말 쓸데없는 질문도 간혹가다 있었는데 은서는 아랑곳하지 않고 꼬박꼬박 대답해 주었다. 그 덕에 은서가 더 좋아졌다.

학교에 도착하자마자 은서가 보여서 손을 흔들었다. 그러나 은서는 시아한테 손을 흔드느라 나를 보지 못하였다. 나는 민망해서 흔들던 손을 멈추고 반으로 들어갔다.

회장 관련된 일 때문에 교무실에 갔다온 사이, 은서와 시아는 큰

소리로 싸우고 있었다. 주변은 수근수근거리고 있었다. 나는 수많은 관중들을 뚫고 지나가 커진 눈으로 지켜보았다. 내가 은서를 발견했을 때, 은서는 닭똥 같은 눈물을 뚝뚝 떨어뜨리고 있었다. 은서의 작은 손이 아무리 눈물을 쓸어내려 보아도 눈물은 은서의 마음과 다르게 계속해서 흘렀다. 나는 용기 내, 은서에게로 다가갔다. 그리고선 최대한 다정한 목소리로 물었다.

"왜 울어?"

너무 격한 감정에 대답을 하지 못하는 은서를 진정시키기 위해 은서의 어깨를 잡고 밖으로 인도했다.

"진정 좀 하고 오자."

내가 오늘 은서에게 먼저 손을 뻗은 이유는 내가 회장이라서라는 단순한 이유가 아니다. 내가 은서를 좋아해서 건넨 친절이었다. 은서는 모르고 있겠지만.

우리는 사람이 잘 안 다니는 학교 옥상 쪽 계단에 앉았다.

"아, 맞다."

나는 주머니에서 은서가 빌려줬던 금잔화 자수가 새겨진 손수건을 꺼내 은서의 손에 쥐어주며 말했다.

"눈물 닦아."

그러자 내가 건넨 친절에 더 울컥해진 건지, 은서는 갑자기 눈물을 폭포처럼 쏟아내었다.

"아니, 왜 더 울어. 진정해."

나는 당황해서 어쩔 줄 몰라 했다. 은서가 알 수 없는 말을 중얼거렸다.

"뭐라고?"

그리고 은서는 또 중얼거리듯 말했다. 또 알아듣지 못한 나는 다

전생의 비밀   215

시 물었다.

"뭐라고? 잘 안 들려. 조금 진정하고 말해."

은서를 토닥여 주며 편히 말하게 하기 위해 최대한 진정시켜주는데, 은서가 흥분한 나머지 크게 소리쳤다.

"내가 좋아하는 건 너라고!"

은서는 본인이 뱉은 말에 당황했는지 스스로의 입을 막았다. 나는 놀란 마음을 표정에서 감출 수 없었다. 서로 아무 말도 안 하고 있다가 내가 먼저 입을 열었다.

"괜찮아, 너무 벙쪄 있지마."

나는 한 치의 고민도 없이 살짝 눈웃음을 지으며 은서에게 말했다.

"나도 너 좋아하니까."

"응?"

은서는 내 말을 듣고 몇 초 뒤 바로 볼과 귀가 달아올랐다.

"뭐, 뭐라고? 정말 내가 정신이 없나 봐. 자꾸 네 말을 잘못 듣네. 다시 말해 줄 수 있어?"

"나도 너 좋아한다고."

은서는 한동안 그 모습 그대로 벙쪄 있었다. 그 모습마저도 너무 귀여웠다. 나는 최대한 온화하게 말했다.

"너도 알지 않았어? 회장이라서 챙겨준 거 아닌 거."

은서도 어렵게 입을 열었다.

"나, 나는 몰랐어. 너가 회장이라서가 아니면 날 챙길 이유는 없다고 생각했으니까."

은서는 얼굴이 빨개진 채로 소심하게 말했다.

"아무튼 좋아해, 나도."

나는 은서의 머리를 귀 너머로 넘겨주었다. 그리고 은서에게 말했다.

"고마워, 너도 나 좋아해 줘서."

은서의 눈이 빛이라도 나올듯이 초롱초롱해졌다. 그때, 갑자기 무언가 끊기는 듯한 뚝소리가 났다.

"뚝."

내 소원이 이루어진 모양이다.

나와 은서, 우리 둘은 비밀연애를 하기로 약속했다. 학교에 제자리에 앉아 은서를 기다리던 도중, 재승이가 말을 걸어 대화를 나누고 있었다. 은서가 나에게 반갑게 인사를 해 줄 줄 알았지만 은서는 재승이를 피하듯이 지나갔다. 자연스레 은서를 불러 인사를 나누려 했지만 재승이가 이야기를 멈추지 않아서 어쩔 수 없이 우리의 아침 인사는 물건너갔다. 하교할 시간이 다가오고 우리는 스터디 카페에서 시간을 보내기로 약속했었기 때문에 풀어야 할 문제집을 챙기고 스터디 카페로 향했다.

스터디 카페에서 자꾸만 다른 생각이 들고, 은서에게 말을 걸고 싶어서 집중이 하나도 되지 않았다. 은서를 힐끗힐끗 쳐다보니 잘 집중하고 있는 모양인지 조용했다. 집중을 해보려 했지만 아무리 문제집을 쳐다보아도 답이 나오지 않았다. 그때 문득, 스터디 카페 옥상에서 본 노을이 생각났다. 시간도 적당하고, 나는 자리에서 일어나 은서의 어깨를 소심하게 톡톡 쳤다. 입 모양과 손짓으로 잠시 나가자는 신호를 보낸 뒤, 우리는 스터디 카페 옥상으로 올라갔다.

다행히도 시간은 적절했다.

"우와, 진짜 예쁘다."

은서의 감탄을 듣고 나는 어깨가 으쓱 올라가서는 칭찬받고 싶은 듯이 말했다.

"예쁘지. 전에 나 혼자 해지는 거 보러 온 적 있는데, 너무 예뻐서 너랑 보러오려 했어."

내가 뱉은 말에서 과거 드라마에서 봤던 대사가 떠올랐다.

'예쁜 옷을 입었을 때 네게 보여 주고 싶고, 맛있는 걸 먹었을 때 너랑 같이 먹고 싶고, 집에서 편히 휴식을 취할 때 너랑 같이 쉬고 싶어. 언젠가부터 내 모든 의식주는 너가 되었어.'

어떤 대사였는지 똑똑히 기억하고 있다는 사실에 나 또한 놀랐다. 나는 은서를 바라보며 말했다.

"은서야, 내 세상은 언제나 가로등 하나 없는 어둑한 골목 같았지만 지금은 너처럼 빛을 잃지 않고 밝게 타오르는 해가 내 세상을 비춰주어 너무 고마워. 너는 내 어두웠던 세상을 밝게 비춰주는 한 해 같아."

은서의 표정은 감동받은 듯해 보였다. 나는 내가 꺼낸 말이지만 스스로 뿌듯해져서는 어깨가 아까보다 훨씬 으쓱 놀라갔다. 우리는 일몰을 묵묵히 바라보다가 해가 서쪽으로 사라졌을 무렵 각자 집으로 돌아갔다.

오늘은 주말이다. 나는 은서에게 선물이 있다는 메시지를 보냈다. 그러고는 은색 하트 반쪽 모양 목걸이가 들어 있는 목걸이 보관함을 손에 쥐고 은서와 만나기로 한 곳으로 향했다. 은서는 나를 기다리고 있었고, 나는 손에 쥐고 있던 목걸이 보관함을 은서 손에 쥐어 주었다.

"열어 봐."

내 목걸이를 가까이 갖다 대자 목걸이 속 자석이 반응해서 하나의 하트 모양이 이루었다. 나는 말했다.

"가장 소중한, 사랑하는 사람한테 주고 싶었어."

"나도 정말 갖고 싶어 했던 목걸인데, 반쪽이 있었구나!"

"정말? 네가 갖고 싶어 했었다니. 신기하다."

나는 은서를 살포시 내 품에 담고는 얼굴을 마주보며 말했다.

"사랑해."

은서는 부끄러운 마음을 얼굴에 다 드러내고는 대답해 주었다.

"나도, 사랑해."

우리는 집에 돌아가며 도란도란 얘기를 나눴다. 은서가 내게 물었다.

"너는 무슨 꽃 좋아해?"

"나는 금잔화. 너는?"

"나는 해바라기. 해 하나 만을 바라본다는 게 너무 아름답지 않아?"

나는 저 말을 듣고 기시감을 느꼈다. 속으로 생각했다.

'슬슬 전생의 기억이 되돌아오려는 건가.'

나는 은서의 전생의 기억을 이번 기회에 확실히 되돌리기 위해 한 술 더 떴다.

"그래도 해라는 하나의 대상만 바라본다는 게 비참하게 느껴질 수도 있겠어."

그러자 은서의 얼굴이 조금씩 일그러지더니 내 품에 기대 쓰러졌다. 그나마 다행이었다. 나랑 같이 있을 때 쓰러졌다는 게.

'또 다시 두통이 몰려왔나 보다.'

나는 급해진 마음을 안고 병원으로 달려갔다.

병원에 도착하고 부스럭거리는 소리가 들려 나는 은서의 병실 안으로 들어갔다.

'일어났나 보다.'

"일어났어?"

은서가 우물쭈물거리다가 입을 열었다.

"두통 때문이었어. 기대서 정말 미안, 불편했을 텐데."

나는 은서를 안심시켰다.

"아니야, 괜찮아."

"여긴 병원이야? 난 어떻게 여기로 온 거야?"

"응, 내가 업어서 데려왔어."

"그렇구나. 고생했네. 민폐만 끼치고. 정말 미안해."

"아니야. 괜찮아."

"일단 챙겨줘서 정말 고맙고, 갑자기 쓰러져서 미안해. 많이 놀랐겠다. 근데 나 가 봐야 할 곳이 있어서 먼저 일어나 볼게."

기억을 되찾는 것도 중요했지만, 은서의 건강이 걱정되어 나는 은서에게 물었다.

"지금 꼭 가야 돼? 몸이 완전히 회복되진 않은 거 같은데."

"응, 지금 꼭 가야 돼. 상황은 나중에 설명할게."

여전히 은서의 건강이 걱정되긴 했지만, 나는 병실을 나가는 은서의 뒷모습을 바라보며 맥아리 없이 손을 흔들었다. 그리곤 작게 속삭였다.

"소원팔찌, 끊겨 있던데."

다음날이 되고 나는 은서에게서 금잔화를 선물 받았다. 아마 전생의 기억을 돌려주기 위해 선물한 듯해 보였다. 오히려 나에 대해 아무것도 모르는 은서의 행동은 내게 그저 귀여운 개교 같을 뿐이었다. 나는 웃으며 은서에게 고마움을 표시했다.

"금잔화 좋아하는 거 기억해 줬구나. 고마워."

다음으로는 차 사고. 은서는 한동안 내게 차 사고에 대한 언급을 끊임없이 하였다.

"이번에 뉴스에서 차 사고 얘기를 하더라고."

"그래? 무섭다."

"뭐 드는 생각 없어?"

마냥 귀여웠다. 나는 은서에게 아무것도 모르는 척 시치미를 떼며 말했다

"응? 딱히? 안타깝다?"

은서의 마지막 수단은 '꿈'이었다. 은서가 물었다.

"오늘 무슨 꿈 꿨어?"

전혀 꿈과 관련없는 대화 속에서도 꿈 얘기를 꺼내려고 하자 나는 또다시 아무것도 모르는 척, 무슨 의도의 대화인지 모르는 척 뻔뻔하게 굴었다.

"갑자기? 딱히 꿈은 안 꿨는데."

주눅든 네 모습이 귀엽기 짝이 없었다. 지칠 대로 지쳐 보이는 너를 보며 나는 뒤에서 쿡쿡 웃었다.

이제 장난도 그만치자, 은서에게 슬슬 나도 알고 있다는 사실을 말하기로 결심했다.

"요즘 매일같이 꿈 같은 건 왜 물어보는 거야?"

"응?"

당황한 은서를 보고 웃음을 꾹 참고, 다시 시치미 떼며 말했다.

"조금 이상해서. 갑자기 금잔화 선물에, 차 사고 뉴스 얘기도 엄청

하고, 이번엔 꿈 조사까지. 너 요즘 왜 그래. 무슨 일이라도 있어?"
은서는 어색한 웃음을 지으며 내게 스터디 카페로 내려가자고 하였다.
"스터디 카페로 내려갈까?"
"왜 말 돌려. 무슨 일 있는 거 아니지?"
"응, 아니야. 걱정 마."
축 쳐진 은서를 보고 나는 속으로 생각했다.
'너무 놀렸나.'
그리고는 기운빠진 너를 보며 먼저 입을 열었다.
"있잖아, 혹시….."
"응, 왜? 미안, 조금 곤란해서 솔직하게 얘기 못할 거 같아." 아마 은서는 내가 무슨 일 있냐는 질문을 다시 하려는 줄 알고 먼저 철벽을 친 것 같았다. 나는 말을 고쳤다.
"아니 그게 아니라."
"응?"
"너는 전생을 믿어?"
은서는 그 상태로 굳어 버렸다. 은서가 내가 한 질문을 되물었다.
"너는?"
"나는 믿어."
"내가 먼저 물어봤잖아. 너는?"
"나는…."
대답을 하지 못하는 은서를 보고 나는 위로 차원에서 말했다.
"왜 대답을 못해. 네 대답에 아무도 비웃지 않아."
내 위로에 힘을 얻었는지 은서는 적어도 아까보다는 당당히 대답했다.

"나도 믿어."

"그럴 거 같았어.'

은서는 나름대로의 합리적인 의심을 하며 질문의 의도를 물었다.

"왜 물어보는 거야?"

나는 은서가 그랬듯 은서의 질문을 되물었다.

"그러게 왜 묻는 거 같아?"

"내가 보기엔….'

은서가 말을 마치기도 전에 나는 그 이름을 다정하게 불렀다.

"시월아."

그렇다. 나는 모르는 게 아니라 네가 알아줄 때까지 모르는 척 하고 있었던 것이다. 네가 먼저 그 이름으로 나를 불러줄 때까지, 며칠이고 기다리며. 결국, 내가 그 이름으로 널 부르긴 했지만, 후회는 없었다. 은서의 동그란 눈과 놀란 표정을 보고 나는 웃으며 말했다.

"찾았다."

끊어졌던 줄로 묶인 우리의 인연의 실은 더 끈끈하고 탄탄하게 연결되어 끊길 기미가 보이지 않았다.

전생의 비밀

한 달, 그리고 한 해

비록 전생에는 우리가 결혼까진 하지 못했지만, 이번 생에서는 긴 연애 끝에 결국 결혼에 통과하게 되었다. 가끔은 다투고 불화가 생기기도 하지만 결국 우리는 사랑으로 빚어진 인연이니 결국 끝까지 서로를 떠나진 못했다.

"서한월! 그거 위험하니까 만지지 마!"

"서한월, 편식하지 말랬잖아."

꿈만 같던 신혼기가 지나가고, 우리의 일상은 하루 종일 아이를 돌보는 것으로 바뀌었다. 밤이 되고, 아이에게 책을 읽어 주기로 한 시간이었다.

"한월아, 읽어줄 책 골라 와."

"엄마, 아빠! 나 이거."

한월이는 "해와 달이 된 오누이"를 집었다.

우리는 각각 오누이 역할을 맡고 책 내용을 읽어주었다.

"옛날 옛적 깊은 산 속에 가난하지만 사이좋은 오누이와 그 홀어머니 가족이 살고 있었어요…."

책을 마치지도 않았는데 한월이는 깊은 잠에 빠졌다.

"…하늘로 올라간 오누이는 해와 달이 되어 행복하게 살았답니다. 끝."

우리는 잠든 한월이가 너무 귀여운 나머지 서로의 얼굴을 마주보며 킥킥 웃었다.

아이를 재우고 방에서 나온 은서가 말했다.

"규민아, 그러면 오누이는 한 해와 한 달이 된 거네?"

"그치?"

"호랑이로부터의 죽음을 피하기 위해 한 해가 되고 한 달이 된 거잖아. 그럼 한 달이 되고 한 해가 된 삶은 과연 행복할까? 매일 규칙적으로 같은 자리에 서고 같은 세상을 바라보는데?"

규민이는 곰곰이 생각하다가 말했다.

"그치만 세상 속 일어나는 일들은 일정하지 않고 매일 다르잖아. 그 새로움 속에서 또 즐거움을 찾는 거 아닐까?"

"그런가?"

규민이는 은서를 보며 살짝 웃었다. 은서는 예쁘게 웃는 규민이를 보고 말했다.

"서규민! 너는 내 어두웠던 세상을 밝게 비춰주는 한 해 같아."

규민이는 화들짝 놀란 표정으로 은서에게 말했다.

"너 그 말 기억하네? 와, 몇 년 전인데."

은서는 어깨가 으쓱 올라갔다.

"당연하지."

"그럼 김은서! 너는 내 밝은 세상을 아름답게 꾸며주는 한 달 같아."

"오, 표현력 안 죽었는데."

이번엔 규민이가 우쭐했다.

"그치? 나 아직 표현력 풍부해."

서로의 칭찬에 우리는 행복하게 웃었다. 행복했다. 정말로



행복했다.